Paul Klingspor

Britisch-Ostafrika

Paul Klingspor

Britisch-Ostafrika

ISBN/EAN: 9783955640125

Auflage: 1

Erscheinungsjahr: 2013

Erscheinungsort: Bremen, Deutschland

@ EHV-History in Access Verlag GmbH, Fahrenheitstr. 1, 28359 Bremen. Alle Rechte beim Verlag und bei den jeweiligen Lizenzgebern.

Britisch-Ostafrika.
Nach
seiner Geschichte, Natur und Entwickelung unter englischer Herrschaft.

Paul Klingspor

BONN 1909
Bonner Kunstdruckerei Broch & Schwarzinger.

Inhalt.

I. Einleitung.
II. Geschichte.
    1. Die Portugiesenzeit Britisch-Ostafrikas.
    2. Die geographische Erforschung des Landes.
    3. Die Aufteilung Ostafrikas unter die europäischen Mächte im 19. Jahrhundert.
III. Lage und Oberflächengestalt.
IV. Klima.
V. Bevölkerung.
VI. Verkehrswesen und Handel.
VII. Literatur.

I. Einleitung.

Die Geschichte Ostafrikas reicht, wenn auch zunächst sagenhaft, bis ins graue Altertum zurück. Offenbar bestanden schon in uralter Zeit rege Handelsbeziehungen zwischen der afrikanischen Ostküste und den Ländern am Roten Meer und Persischen Golf. Von dem Goldreichtume Südafrikas angelockt, drangen von Norden her semitische Händler nach Süden vor, um die Goldlagerstätten zwischen dem Sambesi und dem Limpopo auszubeuten. Von der Tätigkeit dieser Semiten zeugen noch heute die großartigen, von dem Deutschen Karl Mauch[1] entdeckten Ruinen von Simbabye und anderer Orte des Maschonalandes[2]. Ob diese Goldsucher Phönizier, Babylonier oder Südaraber waren und ob sie dauernde Niederlassungen an der Küste Ostafrikas begründeten, läßt sich jetzt nicht mehr feststellen. Daß aber schon um das Jahr 1000 v. Chr. König Salomo und Hiram I. von Tyrus ihre Schiffe bis in die Gegend des heutigen Sofala schickten, um Gold und andere Produkte zu holen, unterliegt kaum noch einem Zweifel. Allmählich scheint jedoch die Kunde von diesen Ländern verloren gegangen zu sein; wenigstens gelangte man nicht mehr dorthin. Die berühmte, im ersten Jahrhundert v. Chr. entstandene Segelanweisung für das Rote Meer, der Periplus Maris Erythraei, bezeichnet Rhapta, eine Stadt, deren Lage

---

[1] K. Mauch: Reisen im Inneren von Südafrika 1865—72. Gotha 1874.

[2] Th. Bent: The ruined cities of Mashonaland. 3. Auflage. London 1895.

sich zwar nicht mehr genau bestimmen läßt, die aber nach Ansicht der meisten Interpreten nicht weit von der Rufidschimündung gelegen haben muß, als den südlichsten bekannten Punkt. Dieses „Segelhandbuch", für dessen Verfasser man lange Zeit fälschlicherweise den Griechen Arrian von Nikodemia hielt, gestattet uns also, einen Schluß zu ziehen, wie weit nach Süden sich zu Anfang nnserer christlichen Zeitrechnung die Fahrten der am Roten Meer und Persischen Golf wohnenden Völker und der seit uralter Zeit über Socotra nach Afrika vordringenden Inder erstreckten.

Ein neuer Abschnitt in der Geschichte Ostafrikas beginnt im sechsten Jahrhundert mit der Eroberung Südarabiens durch die Perser, die sehr bald auch in dem Handelsverkehr mit der ostafrikanischen Küste eine bedeutende Rolle spielen. Um das Jahr 975 gründeten Schiras-Perser das heutige deutsche Kilwa Kisiwani, und auch Mombasa, die Hauptstadt Britisch-Ostafrikas, hat gleichen Ursprung. Bis nach Sofala schoben die Perser allmählich ihre Handelsstationen vor, und noch heute rühmen sich ganze Ortschaften an der ostafrikanischen Küste schirasicher Abstammung. Vorwiegend sind es aber gerade die Jumbe, die Dorfschulzen, also die Angehörigen der noch jetzt herrschenden Familien, die sich als Nachkommen jener alten persischen Einwanderer bezeichnen. Bei vielen dieser Schirazi tritt noch heute der arische Typus trotz der jahrhundertelangen Vermischung mit der einheimischen Negerbevölkerung deutlich hervor. Bei den Jumbe weist außerdem auch noch ein äußeres Merkmal auf ihre persische Abstammung hin, nämlich die nur von ihnen getragene Mütze, die entschieden an die eigentümliche Kopfbedeckung der Perser erinnert.

Daß neben, ja schon vor den Persern auch die Araber Ansiedlungen an der ostafrikanischen Küste begründeten, dürfen wir mit Sicherheit annehmen.

Lange Zeit scheinen zwar aus den persischen Familien die Sultane und Könige hervorgegangen zu sein, doch darf als sicher gelten, daß die Araber stets an Zahl überwogen, und auch ihr Einfluß bald der herrschende geworden ist. Wie eine arabische Chronik, die bei der Eroberung Kilwas im Jahre 1505 in die Hände der Portugiesen fiel, berichtet, gehörten die ersten arabischen Ansiedler in Ostafrika der Sekte der Emosaïden an. Diese Anhänger Saids, eines Urenkels Mohameds, hatten infolge von Religionsstreitigkeiten im achten Jahrhundert ihre Heimat verlassen und sich an der Somaliküste angesiedelt. Sie sollen zwar zum Schutze gegen die Eingeborenen in Ortschaften zusammengelebt, aber keine eigentlichen Städte begründet haben. Erst in das zehnte Jahrhundert verlegt die Kilwaer Chronik die Gründung arabischer Städte an der ostafrikanischen Küste, von denen Barawa und Mukdischu zu den ältesten gehören. Ein staatlicher Zusammenhang zwischen den einzelnen Gemeinwesen bestand nicht, nur vorübergehend gewannen einzelne Städte über andere Einfluß. An der Spitze jeder Ortschaft oder Stadt, so klein sie auch war, stand ein besonderer König, der seine Macht mehr oder weniger mit anderen einflußreichen Einwohnern zu teilen hatte. Von hoher wirtschaftlicher Bedeutung waren diese Handelsplätze besonders deshalb für die Araber, weil sie den Zwischenhandel mit dem goldreichen Hinterlande von Sofala beherrschten. Aber auch als Ausfuhrhäfen für Sklaven, Elfenbein und Straußenfedern spielten die ostafrikanischen Siedlungen der Araber bald eine wichtige Rolle. Längs der ganzen Küste herrschte gegen das Ende des XV. Jahrhunderts ein blühender Handelsverkehr, der die Portugiesen, die zuerst von allen europäischen Völkern den Boden Ostafrikas betraten, mit Staunen und Bewunderung erfüllte.

II. Geschichte.

1. Die Portugiesenzeit Britisch-Ostafrikas.

Um die Wende der Jahre 1486 und 1487 hatte Bartholomaeus Diaz das Kap der guten Hoffnung umfahren und war bis zum Großen Fischfluß im Südosten der heutigen Kapkolonie vorgedrungen. Zehn Jahre später verfolgte sein großer Landsmann Vasco da Gama[1]) den durch die Umsegelung Afrikas entdeckten Weg nach dem Osten weiter und gelangte im Frühjahr 1498 in die ostafrikanischen Gewässer. In welchem Stadium er damals die semitische Kultur an der Ostküste Afrikas gefunden hat, ob gerade in ihrer Blüte, oder schon im ersten Beginne des Verfalles, das läßt sich heute nicht mehr entscheiden. Jedenfalls sind die Berichte der Portugiesen aus jener Zeit voll von Bewunderung über das, was sie an der Ostküste Afrikas sahen, und was freilich sehr verschieden gewesen sein muß von dem, was sie an der unzivilisierten Westküste zu sehen gewohnt waren. Nachdem er im Januar 1498 Quelimane und zwei Monate später Mozambique angelaufen hatte, ging Vasco da Gama am 7. April mit seinem Geschwader auf der Reede von Mombasa vor Anker. An Land zu gehen wagte er indessen der feindlichen Gesinnung der Araber wegen nicht. In wenigen glücklichen und malerischen Zeilen schildert uns Camões in seinen Lusiaden[2]) den Eindruck, den diese Inselstadt auf die Portugiesen machte:

---

[1]) S. Ruge: Die Entdeckung des Seeweges nach Ostindien. Dresden 1898.
[2]) Os Lusiadas de Luiz de Camões. Herausgeg. v. K. v. Reinhardstoetter. Straßburg 1874.

„Estave a ilha á terra táo chegada,
Que um estreito pequeno a dividia;
Uma cidade nella situada,
Que na fronte do mar apparecia,
De nobres edificios fabricada,
Como por fóra ao longe descobria,
Regida por um rei de antigua idade;
Mombaça é o nome da ilha e da cidade." —

Am 13. April verließ das portugiesische Entdeckungsgeschwader Mombasa wieder und segelte nordwärts nach Melinde. Aber auch hier betrat Vasco da Gama das Festland nicht, sondern ging nach neuntägigem Aufenthalte vor der Stadt wieder unter Segel, um mit dem Südwestmonsun der Malabarküste zuzusteuern. Auf der Rückfahrt nach Portugal lief er noch einmal im Januar 1499 den Hafen von Melinde an und ließ auf einem Vorgebirge einen Wappenpfeiler, das gewöhnliche Denkmal der portugiesischen Entdeckungsfahrten, errichten.

Die glückliche Heimkehr Vasco da Gamas und die von ihm errungenen glänzenden Erfolge veranlaßten die Portugiesen, in den folgenden Jahren immer neue Geschwader auszusenden, um an den Küsten des Indischen Ozeans festen Fuß zu fassen und den Handel an sich zu reißen. Den Hafen von Melinde besuchten im Anfang des 16. Jahrhunderts verschiedene portugiesische Flotten, doch nur um Wasser und Lebensmittel einzunehmen und günstigen Fahrwind nach Indien abzuwarten. Keiner der Geschwaderkommandanten machte einen Versuch, Melinde selbst, oder eine andere Stadt des heutigen Britisch-Ostafrika in Besitz zu nehmen. Ein Umschwung in den friedlichen Verhältnissen an der ostafrikanischen Küste trat erst ein, als Dom Francisco d'Almeïda an der Spitze einer stattlichen Armada von 22 Schiffen und 1500 Mann im Indischen Ozean erschien. Durch rücksichtsloses, oft grausames Vorgehen gegen die arabischen Siedlungen suchte er die portugiesische Macht auch über den nördlich von Mozambique und Sofala gelegenen Teil der ostafrikanischen Küste auszudehnen. Es gelang ihm, im Jahre 1505 ohne Schwertstreich Kilwa einzunehmen, wo er seinen Instruktionen gemäß das heute noch teilweise erhaltene Fort „Sam Jago" erbaute und eine Handelsniederlassung errichtete. Von Kilwa aus segelte Francisco d'Almeïda weiter an der Küste entlang nach Mombasa. Einer Landung widersetzten sich die Einwohner dieses Platzes jedoch hartnäckig, und der portugiesische Admiral sah sich daher gezwungen, die Stadt zu erstürmen. Furchtbar hausten die Portugiesen in dem eroberten Mombasa, das geplündert und eingeäschert wurde, um seine Macht und seinen Wohlstand zu vernichten und so der portugiesischen Niederlassung in Kilwa günstigere Vorbedingungen für eine gedeihliche Entwickelung zu verschaffen. In der Tat gelang es, durch diese Gewaltmaßregeln den Einfluß, den Mombasa als Handelsemporium an der ostafrikanischen Küste besaß, auf eine Reihe von Jahren hinaus zu brechen. Ein anderes Geschwader unter Tristão da Cunha und Affonso d'Albuquerque, dem nachmals so berühmten Vicekönig von Indien, unternahm im folgenden Jahre (1506) auf Betreiben des Königs von Melinde, des getreuen Freundes und Bundesgenossen der Portugiesen, einen Kriegszug gegen die Stadt Hoja oder Oja, eine Ortschaft, die nahe der Mündung des Osiflusses nördlich von Melinde lag, heute aber verschwunden ist. Von Hoja segelte das Geschwader nach Lamu, das ebenfalls unterjocht und tributpflichtig gemacht wurde, und wandte sich dann der arabischen Halbinsel zu, um auch noch die Insel Socotra und das reiche Ormuz[1])

---

[1]) L. Contzen: Die letzten Tage von Ormuz. (Jahresbericht des Kgl. Gymn. zu Bonn über d. Schuljahr 1902.) Bonn 1903.

der portugiesischen Herrschaft zu unterwerfen. Das sehr rasch wieder aus Schutt und Asche zu neuer Blüte erstandene Mombasa hatte noch einmal eine Belagerung auszuhalten, als im Jahre 1528 Nuno da Cunha, der Sohn Tristáos zu spät den Indischen Ozean erreichte, um noch den Südwestmonsun für die Durchquerung des Arabischen Meeres benutzen zu könnnen. Erbittert über den heftigen Widerstand der Mombasaleute, die sich weigerten, seine Schiffe in ihren Hafen aufzunehmen und den Portugiesen schwere Verluste beibrachten, ließ Nuno da Cunha die unglückliche Stadt nach ihrer Eroberung an allen Ecken anzünden und dem Erdboden gleichmachen.

Die auf die zweite Eroberung von Mombasa folgenden Jahrzehnte sind arm an kriegerischen Ereignissen; nur dem Namen nach scheint in jener Zeit die Oberherrschaft Portugals über die ostafrikanische Küste bestanden zu haben. Nach der Aufgabe von Kilwa (1512) war die Hauptmannschaft der Küste von Melinde (Capitania da costa de Melinde), mit der eine schon 1509 begründete Handelsfaktorei verbunden war, die einzige staatliche portugiesische Behörde im nördlichen Ostafrika. Melinde war auch die einzige Stadt, die den Portugiesen treu blieb, als türkische Seeräuber unter Mirale Beque in den achtziger Jahren des 16. Jahrhunderts plündernd und brandschatzend an der ostafrikanischen Küste entlangfuhren, während Mombasa, Lamu, Patta, Fasa und andere Städte mit den Türken gemeinschaftliche Sache machten. Schwer mußten allerdings diese Ortschaften für ihre Treulosigkeit büßen, nachdem es einem portugiesischen Geschwader gelungen war, die türkische Flotte aufzureiben und die abgefallenen Städte zurückzuerobern. Um in der Folgezeit ähnlichen Angriffen besser begegnen zu können, beschloß die Regierung in Lissabon, Mombasa zu einem stark befestigten Stützpunkte für die portugiesische

Flotte zu machen. Der Kommandant und der König von Melinde erhielten die Weisung, nach Mombasa überzusiedeln, und im Jahre 1593 wurde dort mit der Anlage von Befestigungswerken begonnen. Aber nur langsam schritt der Bau der Festung, die den Namen „Jesus von Mombasa" erhielt, vorwärts, und erst nach Jahrzehnten wurde das mit unzureichenden Kräften unternommene Werk vollendet. In der ersten Zeit nach der Verlegung des Regierungssitzes von Melinde nach Mombasa durften sich portugiesische Ansiedler nur in Mombasa selbst niederlassen. Bald fand dieses Gebot aber keine Beachtung mehr, und in den ersten Jahrzehnten des 17. Jahrhunderts finden wir Portugiesen an allen bedeutenden Punkten der Küste und auf den ihr vorgelagerten Inseln. Besonders in Fasa und Patta waren damals viele portugiesische Händler ansässig. Die Zahl der portugiesischen Ansiedler in Mombasa im Jahre 1615 wird ohne die Festungsbesatzung auf 50 angegeben. Dem Kommandanten dieses Platzes war in jener Zeit die ganze Küste von Barawa bis zum Kap Delgado unterstellt.

Ein volles Jahrhundert hatten die Portugiesen ohne fremden Wettbewerb an den Küsten des Indischen Ozeans Handel getrieben und dieses Monopol anderen Völkern gegenüber ängstlich gehütet. Gegen Ende des 16. Jahrhunderts erwuchsen ihnen jedoch in den Holländern und Engländern gefährliche Nebenbuhler. Auch die Häfen des heutigen Britisch-Ostafrika liefen häufig Schiffe dieser beiden Nationen an, um Lebensmittel und Wasser einzunehmen. Eine dauernde Festsetzung an diesem Teile der ostafrikanischen Küste scheinen aber weder die Holländer noch die Engländer beabsichtigt zu haben, vielmehr richteten sie ihr Hauptaugenmerk darauf, der Macht der Portugiesen im östlichen Teile des Indischen Ozeans Abbruch zu tun. Während der portugiesische Handel mit China, dem

Sundaarchipel und Hinterindien infolgedessen immer mehr zurückging, und ein Stützpunkt nach dem anderen in englische oder holländische Hände fiel, erlitt das Ansehen Portugals in Ostafrika eine schwere Einbuße durch die Streitigkeiten zwischen dem Kommandanten von Mombasa und dem König Achmed von Melinde, dem „Waffenbruder des Königs von Portugal". Diese Kämpfe, deren Verlauf den Portugiesen wahrlich nicht zur Ehre gereicht, endeten damit, daß Jussuf ben Hassani, der Enkel des 1609 gestorbenen Achmed, sich im Jahre 1631 durch Verrat in den Besitz der Feste „Jesus von Mombasa" setzte und alle Portugiesen niedermetzeln ließ. Die Nachricht von diesem Ereignis rief natürlich auf portugiesischer Seite große Erbitterung hervor, und noch in demselben Jahre ging von Goa aus ein Geschwader in See, um für die erlittene Unbill Rache zu nehmen. Drei Monate lang belagerte diese Flotte das von König Jussuf tapfer und mit Geschick verteidigte Mombasa, kehrte aber, als Mangel an Lebensmitteln eintrat, unverrichteter Dinge wieder nach Indien zurück. Wohl in der Furcht, den sicher zu erwartenden neuen Angriffen der Portugiesen doch nicht auf die Dauer erfolgreichen Widerstand leisten zu können, verließ Jussuf mit seinen Anhängern bald nachher die Stadt und steuerte der Küste Arabiens zu. Ohne Schwertstreich konnten daher die Portugiesen wieder in das entvölkerte und teilweise zerstörte Mombasa einziehen. Ihre Rache richtete sich jetzt gegen die Ortschaften, die den König Jussuf unterstützt hatten, besonders gegen Patta. Auch die Nachbarstädte Pattas, vor allem Fasa, Lamu, Sio und Mandra wurden in die sich alsbald entspinnenden Kämpfe verwickelt, die erst im Jahre 1637 mit dem endgültigen Siege der Portugiesen endeten. Aus einem Bericht an den Vicekönig von Indien geht hervor, das in jener Zeit Mombasa trotz aller Wirren und Kriege den Portugiesen noch bedeutende Zolleinnahmen lieferte, daß auch die drei Städte der Insel Patta, Patta, Sio und Fasa, ebenso wie Lamu, Tribut zahlten, daß Melinde aber nicht nur nichts einbrachte, sondern sogar noch Zuschüsse erforderte.

Doch nur kurze Zeit sollten sich die portugiesischen Kolonien in Ostafrika des wiederhergestellten Friedens erfreuen. In der zweiten Hälfte des 17. Jahrhunderts erwuchs den Portugiesen ein neuer furchtbarer Gegner in der jungen aufstrebenden Seemacht Oman, deren Schiffe ihre Raubzüge bald bis über das Kap Delgado hinaus nach Süden ausdehnten. Bei den nahen verwandtschaftlichen, wirtschaftlichen und religiösen Beziehungen, die zwischen den Oman-Arabern und einem Teile der Bewohner Ostafrikas bestanden, darf es uns nicht wundern, daß die kaum von den Portugiesen bezwungenen Städte wieder abfielen und sich ihren Stammesgenossen anschlossen. Besonders Patta zeigte sich in jenen Kämpfen, die Jahrzehnte lang mit wechselndem Erfolge geführt wurden, als ein unversöhnlicher Gegner der portugiesischen Herrschaft. Mombasa war die einzige Stadt, die die Portugiesen in jener Zeit dauernd behaupten konnten. Aber auch dieses letzte Bollwerk an der Küste des nördlichen Ostafrika sollte dem Ansturm der Oman-Araber erliegen. Nach fast dreijähriger heldenhafter Verteidigung mußte sich Mombasa im Jahre 1698 dem Imam von Maskat Sef ben Sultan ergeben. Der Plan einer Wiedergewinnung der Festung scheiterte vorerst an den zerrütteten portugiesischen Finanzen und an der Uneinigkeit und Unentschlossenheit der Geschwaderkommandanten. Erst im Jahre 1728 gelang es Luiz de Mello Sampayo sich mit geringer Mühe wieder in den Besitz von Mombasa zu setzen, da die durch Parteizwistigkeiten und Kämpfe mit den Eingeborenen geschwächten Araber auf jeden Widerstand verzichteten. Auch in Sio, Patta und Fasa wurde die portugiesische Flagge von neuem gehißt. Nach diesen Erfolgen konnten sich die Portugiesen mit Recht wieder, wenigstens in dem gleichen Umfange wie früher, als die Herren Ostafrikas betrachten. Ein jähes und wenig rühmliches Ende fand ihre Herrschaft jedoch schon im folgenden Jahre, als ein Aufstand ausbrach, der die Portugiesen zwang, die Küste für immer zu räumen. Die Aufgabe Mombasas im November 1729 bezeichnet das Ende der portugiesischen Oberhoheit im nördlichen Ostafrika.

Heute erinnern nur noch traurige Ruinen von Festungen, Kirchen und Palästen an die portugiesische Herrschaft; vergebens suchen wir nach einer Spur irgendwelcher kolonisatorischer Tätigkeit. Zwar gebührt den Portugiesen das Verdienst, die wichtigen Kulturpflanzen Mais, Ananas, Maniok und Tabak in Ostafrika eingeführt zu haben, doch ist nicht anzunehmen, daß sie diese Gewächse in größeren Mengen anbauten. Schon die Erwägung, daß die Zahl der portugiesischen Ansiedler nördlich vom Kap Delgado ohne die Besatzung von Mombasa wohl kaum hundert überschritten hat, zeigt, daß von einer eigentlichen Kolonisation jener ausgedehnten Gebiete keine Rede sein konnte. Auch für die geographische Erforschung des Landes ist die Portugiesenzeit[1]) von geringer Bedeutung gewesen, denn zur Bereicherung unserer Kenntnis von dem Inneren des Erdteils haben die an der Küste ansässigen Missionare so gut wie gar nichts beigetragen.

Während der ersten Jahrzehnte, die auf die Vertreibung der Portugiesen folgen, stand das nördliche Ostafrika unter der Herrschaft des Imams Sef ben Sultan von Maskat. Allerdings war, wie uns eine arabische Chronik Mombasas berichtet, die Oberhoheit dieses Fürsten, oder vielleicht richtiger gesagt, seiner

---

[1]) J. Strandes: Die Portugiesenzeit von Deutsch- und Englisch-Ostafrika. Berlin 1899.

Statthalter, keineswegs eine unbestrittene. Besonders unter dem tyrannischen Gouverneur Saleh ben Mohamed el Hasram kam es in Mombasa wiederholt zu Aufständen gegen die Herrschaft Omans, und auch von Seiten der Holländer, Engländer und Franzosen fehlte es in jener Zeit nicht an Versuchen, die Erbschaft der Portugiesen anzutreten. Zähe hielt aber auch Portugal an den Ansprüchen auf das verlorene Gebiet fest und machte sogar 1769 noch einmal einen Versuch, Mombasa wiederzunehmen, doch endete derselbe mit einem gänzlichen Mißerfolge.

In Maskat war inzwischen im Jahre 1741 nach dem Sturze Sef ben Sultans, des letzten Imams aus der Dynastie der Yarebiten, Albu Said, der Stammvater der noch heute in Oman und Zanzibar regierenden Familie, zur Herrschaft gelangt. Die meisten arabischen Statthalter in Ostafrika, die seit dem Anfang des 18. Jahrhunderts immer selbständiger geworden waren, verweigerten ihm jedoch die Anerkennung. In Mombasa erklärte sich der aus der Schirazifamilie Msara stammende Gouverneur Mohamed ben Osman für unabhängig, und andere Statthalter folgten seinem Beispiel. Erst seit den achtziger Jahren gelang es den Herrschern von Oman wieder, mit Erfolg in die ostafrikanischen Verhältnisse einzugreifen. Besonders der zähe und verschlagene Seyid Said, der sich im Jahre 1804 des Thrones von Maskat bemächtigt hatte, wußte der Oberherrschaft Omans über die ostafrikanische Küste von neuem unumschränkte Geltung zu verschaffen. Mombasa, das in den beiden ersten Jahrzehnten des 19. Jahrhunderts Patta, Merka und Barawa unterworfen hatte, leistete allerdings Seyid Said anfangs erfolgreichen Widerstand. Als aber die arabische Flotte nach der Eroberung Barawas und Pattas sich anschickte, auch Mombasa zu belagern, rief der damalige Beherrscher der Stadt, Sultan Soliman, da er auf einen für ihn günstigen Ausgang des Kampfes nicht hoffen durfte, die Engländer zu Hülfe. Im Februar 1824 erschien denn auch unter Kapitän Owen ein kleines englisches Geschwader, das gerade Vermessungsarbeiten an der ostafrikanischen Küste ausführte, vor der durch Seyid Said eingeschlossenen Stadt. Von den Zinnen der Festung wehte die Flagge Englands, die Soliman hatte hissen lassen, um Said zur Aufgabe der Belagerung zu veranlassen. Kapitän Owen ergriff sofort die günstige Gelegenheit und schloß einen Vertrag ab, durch den die Msara von Mombasa als die Herrscher über den Küstenstrich von Melinde bis zur Panganimündung einschließlich der Insel Pemba anerkannt, durch den aber auch dieses ganze Gebiet unter englischen Schutz gestellt wurde. Das eigenmächtige Vorgehen Owens fand jedoch nicht die Billigung der Behörden in London, und die englischen Schiffe verließen daher im Jahre 1826 den Hafen von Mombasa wieder. Bald darauf fiel die Stadt durch Verrat in die Hände Seyid Saids, dessen Herrschaft sich nun von der Nordostspitze Arabiens bis zum Kap Delgado erstreckte. Nach dem Tode Seyid Saids, der im Jahre 1832 Zanzibar zu seiner Residenz gemacht hatte, zerfiel dieses gewaltige Reich in zwei Teile, in eine arabische Hälfte unter Seyid Suëni und in eine afrikanische unter Seyid Madschid. Bis 1866 war aber Zanzibar Maskat noch tributpflichtig. Auf Seyid Madschid, der im Jahre 1870 starb, folgte dessen Bruder Seyid Bargasch, ein aufgeklärter Herrscher, der die Vorteile abendländischer Kultur wohl erkannte und 1875 Deutschland das Protektorat über seine Besitzungen anbot. Leider dachte das neugegründete Deutsche Reich damals noch nicht daran, eigene Kolonien zu erwerben.

2. Die geographische Erforschung des Landes.

Abgesehen von dem mißglückten Versuche zweier portugiesischer Händler, von Melinde aus zu den gerüchtweise bekannten innerafrikanischen Seen und den Quellen des Juba vorzudringen, haben die Portugiesen keinerlei Expeditionen zur Erforschung des ostafrikanischen Binnenlandes unternommen. Selbst als es mit ihrer Herrschaft schon zu Ende ging, also ungefähr 200 Jahre seit der Begründung der ersten portugiesischen Ansiedlungen im nördlichen Ostafrika verflossen waren, kannten die an der Küste ansässigen Kaufleute und Missionare das Hinterland nur auf Grund von Berichten der Eingeborenen und Araber. Aber auch nach der endgültigen Vertreibung der Portugiesen dauerte es noch länger als ein Jahrhundert, bis von einer ernstlichen Erforschung des ostafrikanischen Inneren die Rede sein konnte. Erst im Jahre 1844 beginnt mit der Ankunft unseres berühmten Landsmannes Dr. Ludwig Krapf[1]) in Mombasa ein neuer Abschnitt in der Geschichte Ostafrikas, den wir als die Zeit der Missionare und Forschungsreisenden bezeichnen können.

Bevor Krapf nach Ostafrika kam, wirkte er im Dienste der Church Missionary Society in Schoa, einer von Gallastämmen bewohnten Landschaft im Südosten Abessiniens. Dorthin wollte er auch nach einem kurzen Aufenthalte in Europa im Jahre 1842 wieder zurückkehren, allein der Sultan von Tedjura untersagte infolge der Intriguen einer französischen Missionsgesellschaft den protestantischen Missionaren den Durchzug durch sein Gebiet. Krapf war daher gezwungen, sich ein neues Feld für seine Tätigkeit zu suchen und wandte sich der ostafrikanischen Küste zu, weil er hoffte, von hier aus vielleicht doch noch

---

[1]) J. L. Krapf: Reisen in Ostafrika. Korntal u. Stuttgart 1858.

zu den Galla, an deren Bekehrung er ein besonderes Interesse hatte, vordringen zu können. Am 4. Januar 1844 landete er nach einer sehr beschwerlichen Fahrt in Mombasa. Noch in demselben Jahre bereiste er das westlich von diesem Hafen liegende Land der Wanyika, da er glaubte, dort sei eine Mission vielleicht von größerem Nutzen als unter der halbzivilisierten mohamedanischen Küstenbevölkerung. Bitter enttäuscht über die Charaktereigenschaften und die Geistesverfassung dieses Stammes kehrte er jedoch bald wieder nach Mombasa zurück. Im nächsten Jahre (1845) machte er einen neuen Vorstoß in das Innere, in der Hoffnung, bei den nordwestlich von den Wanyika wohnenden Wakamba ein geeigneteres Feld für seine Missionstätigkeit zu finden. Allein er erreichte das Land der Wakamba nicht und sah sich infolge von mancherlei Schwierigkeiten gezwungen, den Rückzug zur Küste anzutreten. Im Juni 1846 vereinigte sich mit ihm sein Landsmann Rebmann, der zweite der beiden großen deutschen Missionare und geographischen Pioniere Ostafrikas. In dem nördlich von Mombasa auf einem Ausläufer des ostafrikanischen Hochlandes gelegenen Rabai schlugen beide ihren Wohnsitz auf und widmeten sich mit Treue und Geduld der Erziehung und Bekehrung der Eingeborenen. Leider mußten sie bald erfahren, daß sie trotz aller aufgewandten Mühe nur geringen Einfluß auf die Wanyika ausübten und sie beschlossen daher, sich einem anderen Volke zuzuwenden, das weniger der Sittenlosigkeit und Trunksucht ergeben wäre als die Wanyika. Sie kamen überein, daß Rebmann weiter nach Westen vordringen sollte, während Krapf versuchen wollte, sein altes Ziel, das Land der Galla, zu erreichen.

Im Jahre 1847 brach Rebmann mit sechs Wanyika und zwei Suaheli zu der ersten europäischen Expedition in das Innere von Britisch-Ostafrika auf. Er durchquerte die wohlangebaute Küstenregion und einen sich im Westen an diese anschließenden Wüstenstrich und gelangte schließlich in die von malerischen Bergketten durchzogene Landschaft Taita. Bei seiner Rückkehr lautete sein Urteil so günstig über Land und Bevölkerung, daß beide Missionare beschlossen, in dem von Rebmann besuchten Gebiet eine Station zu errichten, und Krapf schon in seiner Phantasie Afrika von einer Kette von Missionsstationen durchzogen sah, die sich von Mombasa bis zu der Küste des Atlantischen Ozeans erstreckte.

Wenige Monate später, im April 1848, verließ Rebmann „lediglich mit einem Regenschirm bewaffnet" und von nicht mehr als neun Leuten begleitet, von neuem Rabai und erreichte, nachdem er Taita und die sich westlich davon ausdehnende Wüste durchzogen hatte, Dschagga (Chagga), eine gut angebaute Landschaft im Süden des Kilimandscharo. Als erster Europäer erblickte er den von ewigem Schnee bedeckten Gipfel dieses Bergriesen, über den schon vorher seltsame Gerüchte zu den Ohren der Missionare gedrungen waren. „Wir sahen diesen Morgen", so schreibt Rebmann am 11. Mai in seinem Tagebuche, „die Berge von Dschagga immer deutlicher, bis ich gegen 10 Uhr den Gipfel von einem derselben, mit einer auffallend weißen Wolke bedeckt, zu sehen glaubte. Mein Führer hieß das Weiße, das ich sah, schlechtweg beredi (= Kälte); es wurde mir aber ebenso klar als gewiß, daß das nichts anderes sein könne als Schnee, welchen Namen ich meinen Leuten sogleich nannte und die Sache zu erklären suchte. Sie wollten mir aber nicht recht glauben, ausgenommen mein Führer, der, wie ich nachher erfuhr, auf seiner letzten Reise nach Dschagga, wo er schon wußte, daß wir beabsichtigten, auch dorthin zu gehen, und daher für das „Silber" in jenem Lande fürchtete, die Sache untersuchen ließ, indem er gegen eine geringe Belohnung einige Dschaggaleute den Berg hinaufschickte, die ihm des „Silbers" so viel als möglich bringen sollten, aber dem spekulierenden Suahili nichts als Wasser zurückbrachten." Im Juni kehrte Rebmann zur Küste zurück und verkündete dort die wunderbare Tatsache, daß es nicht weit vom Aequator einen Berg gebe, dessen Gipfel mit ewigem Schnee bedeckt sei.

Im November desselben Jahres sehen wir Rebmann an der Spitze einer Karawane von fünfzehn wohlbewaffneten Trägern zu einer neuen Forschungsreise aufbrechen. Sein Ziel, die Landschaft Kikuyu, erreichte er allerdings nicht, doch durchstreifte er das Gebiet im Süden des Kilimandscharo und besuchte Majame, den größten und bedeutendsten der Dschaggastaaten.

Ermutigt durch die auf diesen kleineren Expeditionen errungenen Erfolge, faßte Rebmann den Entschluß, eine Forschungsreise von größerem Umfange zu unternehmen. Im April 1849 versuchte er mit einer Karawane von dreißig Mann über den Kilimandscharo hinaus in die Landschaft Uniamwesi vorzudringen, die westlich von diesem Berge liegen sollte. Aber auch diesmal kam er nur bis zum Kilimandscharo, denn gerade als er die Schwelle des unbekannten Uniamwesi überschreiten wollte, fiel er in die Hände des Fürsten von Majame, der ihn vollständig ausplündern ließ. Damit war das Schicksal seiner Karawane besiegelt, und Rebmann mußte enttäuscht zur Küste zurückkehren.

Während Rebmann das Land westlich von Mombasa erforschte, hatte Krapf mit der Ausführung seines alten Planes, zu den im Süden des abessinischen Hochlandes wohnenden Gallastämmen vorzudringen, nicht gezögert. Nach seiner Rückkehr von einer kurzen Reise nach Usambara trat er im November 1849 den Marsch in das Innere des dunklen Erdteils an. Sein nächstes Ziel war Ukambani, das Land der

Wakamba. Von dort aus beabsichtigte er Uniamwesi dem Christentume zu erschließen und „jene noch lebenden christlichen Überbleibsel in der Nähe des Äquators aufzusuchen", von denen er in Schoa gehört hatte. Unter großen Mühsalen durchzog er die Nyika, eine Wüstenregion im Westen von Rabai, und gelangte sicher mit seiner aus elf Mann bestehenden Karawane in die Landschaft Taita. Sich nordwärts wendend, marschierte er an den Bergen Maugo und Ndara und an den Ausläufern der Burakette vorbei, überschritt den Tsavo, einen rechten Nebenfluß des Sabaki, und erreichte am 3. Dezember das Dorf Kitui im südlichen Ukambani. Auf Grund der unterwegs gemachten Beobachtungen konnte Krapf die Angaben Rebmanns über den Kilimandscharo in vollem Umfange bestätigen. Das wichtigste Ergebnis dieser kühnen Forschungsreise aber war die Entdeckung eines zweiten schneebedeckten Bergriesen des äquatorialen Afrikas, der nach Krapfs Schätzung ungefähr sechs Tagereisen nördlich von Kitui liegen mußte und von den Wakamba Kenia genannt wurde.

Zwei Jahre später trat Krapf noch einmal eine Reise nach Ukambani an und zwar mit der Absicht, unter den Wakamba eine Missionsstation zu begründen. Nachdem er sich auf dem an der Ostgrenze von Ukambani gelegenen Plateau von Yata eine Hütte erbaut hatte, begann er alsbald sein Missionswerk. Von diesem, seinem neuen Wohnsitze aus unternahm Krapf kurze Zeit darauf eine Expedition zur Erforschung des Kenia, den er womöglich besteigen wollte. In der Nähe des Tanaflusses wurde jedoch seine Karawane überfallen und auseinandergesprengt. Erst nach mancherlei Abenteuern und Strapazen gelang es ihm endlich, das Hochland von Yata wiederzuerreichen.

Die ungeheueren Anstrengungen, denen Krapf auf seinen Reisen ausgesetzt gewesen war, hatten im

Laufe der Jahre seine Kraft gebrochen. Er kehrte daher trotz der Bitten der Wakamba an die Küste und von dort 1853 nach Europa zurück. Im Jahre 1874 sah sich auch sein kränkelnder und völlig erblindeter Landsmann Rebmann gezwungen, nach einer ununterbrochenen Tätigkeit von fast dreißig Jahren Ostafrika zu verlassen.

Die Forschungsreisen Krapfs und Rebmanns bilden eins der glänzendsten Kapitel in der Entdeckungsgeschichte Afrikas, und mit Stolz dürfen wir auf diese beiden großen Landsleute blicken, die als Vorkämpfer einer höheren Kultur, erfüllt von seltener Opferfreudigkeit und Tatkraft, mit geringen Mitteln Großes geleistet haben.

Ihre Erzählung von den Schneebergen Kilimandscharo und Kenia wurde allerdings vielfach angezweifelt, und noch jahrelang gab es in Europa Leute, die lieber annehmen wollten, die Missionare seien durch hellglänzende Quarzmassen, durch Salzlager oder durch dichtgefallenen Hagel getäuscht worden, als daß sie schneebedeckte Berge unter dem Äquator wenigstens in Afrika zugegeben hätten. Erst durch spätere Reisen, von denen besonders die des hannöverschen Barons Karl Klaus von der Decken[1] Erwähnung verdienen, wurden diese Zweifel gehoben.

Die erste Expedition von der Deckens in das Innere Ostafrikas, die er im Jahre 1860 von Kilwa aus unternahm, um die Papiere des ermordeten jungen Afrikaforschers Dr. Albrecht Roscher zu retten und dessen Tod womöglich zu rächen, hatte mit einem gänzlichen Mißerfolge geendet. Enttäuscht verließ daher von der Decken bald nachher den Süden der Suahelikünste und richtete nunmehr seine Aufmerksam-

---

[1] O. Kersten: Baron K. K. von der Deckens Reisen in Ostafrika. 6 Bde. Leipzig und Heidelberg 1869—79.

keit auf das von den deutschen Missionaren Krapf und Rebmann entdeckte Gebiet der ostafrikanischen Schneeberge. Alle sich ihm entgegenstellenden Schwierigkeiten überwand er siegreich und drang zweimal bis zum Kilimandscharo vor. Das erste Mal, im Jahre 1861, war ihm hauptsächlich daran gelegen, sich Gewißheit zu verschaffen, ob die Schilderungen, die Rebmann von diesem Berge entworfen hatte, auf Wahrheit beruhten, oder ob sie nur bildeten „a most delightful mental recognition, not supported by the evidence of the senses", wie der Engländer Cooley behauptete. Es gelang ihm, durch diese Reise, auf der ihn der englische Geologe Thornton begleitete, die über Lage und Natur des Kilimandscharo noch immer herrschende Unklarheit endgültig zu beseitigen.

Eine neue Expedition, zu der von der Decken im nächsten Jahre aufbrach, galt der Erforschung des Kenia, jenes zweiten ostafrikanischen Schneeberges, dessen Gipfel Krapf von Kitui aus in weiter Ferne erblickt hatte. Der kühne und tatkräftige hannöversche Baron beabsichtigte diesmal, die Masaiebene zu durchqueren und dann von dem Ostufer des Ukerewesees aus über den Kenia den Rückmarsch zur Küste anzutreten. Glücklich erreichte er Aruscha; hier aber verwehrte ihm das wilde Nomadenvolk der Masai den Durchzug durch sein Gebiet, und trotz wochenlanger Unterhandlungen mußte von der Decken auf jeden Versuch einer Weiterreise schließlich verzichten. Um aber nicht ohne jedes Ergebnis für die geographische Wissenschaft zurückkehren zu müssen, entschloß er sich zu einem Abstecher nach dem nordwärts gelegenen Kilimandscharo und bestieg denselben bis zu einer Höhe von 4300 m.

Durch das Mißlingen verschiedener seiner Unternehmungen ließ sich von der Decken nicht entmutigen, sondern trat im Jahre 1865 von Zanzibar aus eine vierte Forschungsreise an, auf der er den Jubafluß befahren und bisher noch gänzlich unbekannte Landstriche erschließen wollte. Ohne irgendwelchen Unfall kam er mit seinen beiden Dampfern „Welf" und „Passepartout" im Geleite eines englischen Kanonenbootes bis zur Insel Tula. Hier aber begannen die „Tage des Unglücks". Die Cholera brach unter der Mannschaft aus, und von der Decken, der selbst sehr schwer erkrankte, entrann nur mit knapper Not dem Tode. Trotzdem wurde die Fahrt zur Jubamündung fortgesetzt. Kaum war man jedoch an der Stelle angelangt, wo dieser Fluß sich in den Indischen Ozean ergießt, als der „Welf" auf eine Untiefe geriet und erst nach vieler Mühe wieder flott gemacht werden konnte. Beim Passieren der dem Juba vorgelagerten Barre ereignete sich ein neues Unglück; der kleinere der beiden Dampfer, der „Passepartout", wurde von den heftigen Brandungswellen zum Kentern gebracht und ging unter. Allein auch dieser Verlust vermochte den Mut von der Deckens und seiner Gefährten nicht zu erschüttern. Der „Welf" setzte die Fahrt stromaufwärts fort und erreichte nach Überwindung von mancherlei Schwierigkeiten die berühmte Somalistadt Bardera, die ungefähr 150 Seemeilen oberhalb der Jubamündung liegt. Nicht weit von diesem Platze traf die Expedition der letzte und schwerste Schicksalsschlag. Der „Welf" scheiterte und von der Decken wurde mit mehreren seiner Begleiter von den beutegierigen Somali überfallen und niedergemacht. Nach der Ermordung des Barons schwand die Hoffnung auf einen glücklichen Ausgang des Unternehmens immer mehr dahin. Zwar war eine letzte Verfügung von der Deckens vorhanden, die im Falle seines Todes seinen Leuten befahl, weiter vorzudringen, wer von den Überlebenden wäre aber imstande gewesen, das auszuführen, was selbst dem mit so seltenen

Eigenschaften ausgestatteten Führer nicht geglückt war. Von der Decken war die Seele der Expedition; ohne ihn war an einen Erfolg nicht mehr zu denken, und daher die Rückkehr zur Küste unvermeidlich.

Auf seinen vier Reisen hatte von der Decken nur Gebiete besucht, die nicht allzuweit von der Küste des Indischen Ozeans entfernt lagen; tiefer in den dunklen Erdteil einzudringen, war ihm trotz aller Anstrengungen nicht gelungen.

Glücklicher waren in dieser Beziehung zwei Engländer, Sir Richard Burton[1]) und John Hanning Speke[2]), die im Juni 1857 den Versuch machten, von Bagamoyo aus die gerüchtweise bekannten innerafrikanischen Seen zu erreichen. Ohne daß sich ihnen erhebliche Schwierigkeiten in den Weg gestellt hätten, gelangten diese beiden Reisenden nach Udschidschi am Tanganyka. Auf dem Rückmarsche zur Küste trennte sich Speke in Kazeh von Burton, um einen weiter nördlich gelegenen See aufzusuchen, von dem ihm Araber erzählt hatten. Das Glück begünstigte sein Unternehmen, und am 3. August 1858 erblickte er als erster Europäer das Südufer des Ukerewe oder Victoria Nyanza.

Durch diese Entdeckung Spekes wurde die Behauptung widerlegt, daß den Berichten eingeborener Händler über verschiedene zentralafrikanische Seen in Wirklichkeit nur ein See zu Grunde liege. Außerdem hielt es Speke von vornherein für ausgemacht, daß der von ihm entdeckte Victoria Nyanza einer der Quellseen des Nils sei. „I no longer felt any doubt," so schrieb er, „that the lake at my feet gave birth to this interesting river." Anderer Ansicht waren allerdings Burton und Livingstone, die beide bestritten,

---

[1]) R. Burton: The lake regions of Central Africa. 2 Bde. London 1860.

[2]) J. H. Speke: Journal of the discovery of the source of the Nile. 2 Bde. London 1863.

daß der von Speke aufgefundene See als Quelle des Nils zu betrachten wäre. Livingstone ging sogar so weit, zu behaupten, der Tanganyka sei der wirkliche Quellsee des Nils und Spekes Victoria Nyanza existiere überhaupt nicht.

Um die Behauptungen Burtons und Livingstones, auf deren Seite die meisten Geographen jener Zeit standen, zu widerlegen, entschloß sich Speke zu einer neuen Expedition in das Innere Ostafrikas. Begleitet von James Augustus Grant, verließ er Zanzibar im Oktober 1860 und kam nach mancherlei Unglücksfällen in die Landschaft Karagwe im Nordwesten des heutigen Deutsch-Ostafrika. Grant, der kaum von einer schweren Krankheit genesen war, blieb dort in der Hauptstadt des gastfreien Königs Rumanika zurück, während Speke den Kagera überschritt und am 3. Januar 1862 nicht weit von Meruka auf die Westküste des von ihm im Jahre 1858 entdeckten Sees stieß. Am Victoria Nyanza entlang nach Norden marschierend, durchquerte er die Landschaft Budu und gelangte im Februar nach Rubaga, der Residenz des Königs Mtesa von Uganda, wo er ebenso gastfreundlich aufgenommen wurde, wie vorher in Karagwe. Im Mai traf auch Grant dort ein, und beide Forscher setzten nun ihre Reise fort, doch waren sie bald infolge einer neuen Erkrankung Grants gezwungen, sich wieder zu trennen. Speke, der sich nach Osten wandte, erreichte im Juli den Nil bei Urondogani und verfolgte denselben aufwärts bis zu den Riponfällen, die dieser Fluß bei seinem Austritt aus dem Victoria Nyanza bildet. Nachdem er sich wieder mit Grant vereinigt hatte, setzte er auf das rechte Ufer des Stroms über, durchzog das Schuliland und marschierte dann am Nil entlang nordwärts bis Gondokoro. Mit Recht konnte er nun nach England berichten: „The Nile is settled". In Gondokoro trafen die Reisenden mit Samuel White Baker zusammen, der gerade, als Speke und Grant nach Norden zogen, im Begriffe stand, eine Reise in umgekehrter Richtung auszuführen.

Ergänzt und vervollständigt wurde das glänzende Entdeckungswerk Spekes durch Baker. Wenige Wochen nach der Ankunft Grants und Spekes in Gondokoro brach Baker nach Süden auf und folgte dem Laufe des Nils bis zu den Fällen von Lado, durchwanderte das Latuk- und Madiland und stieß bei den Karumafällen wieder auf den Nil. Von hier aus begab er sich nach Mruli, der Hauptstadt Kamrasis, des Königs von Unyoro, der ihm von einem zweiten, westlicheren Quellsee des Nils erzählte, von dem auch schon Grant und Speke gehört hatten. Baker beschloß, diesen See aufzusuchen und traf, nach Westen marschierend, im März 1864 auf den Mwutan- oder Albertsee[1]), von dem er sagt, er liege in „a vast depression, far below the general level of the country, surrounded by precipitous cliffs and bounded to west and southwest by great ranges of mountains from 5000 to 7000 feet above the level of its waters". Baker wies nach, daß der Albert Nyanza, in den er den Nil bei Magungo eintreten sah, als ein zweites Reservoir dieses Stromes zu betrachten sei. Allerdings überschätzte er die Größe des Albert Nyanza sehr, und erst Mason führte 1877 durch eine Umfahrung und genaue Aufnahme des Sees die übertriebenen Angaben Bakers auf das richtige Maß zurück.

In Wirklichkeit war aber durch diese Entdeckung Bakers die 2000 Jahre alte Frage nach den Quellen des Nils, die schon Claudius Ptolemaeus und andere Geographen des Altertums beschäftigt hatte, gelöst, wenn es auch noch der Forschungsreise Stanleys[2])

---

[1]) S. W. Baker: The Albert Nyanza. London 1866.
[2]) H. M. Stanley; Through de Dark Continent. 2 Bde. London 1878.

bedurfte, um alle Zweifel, die man in die Ergebnisse der Unternehmungen Burtons, Spekes, Grants und Bakers setzte, zu beseitigen.

Henry Morton Stanley, der sich durch die Auffindung Livingstones (1871)[1] bereits einen Namen gemacht hatte, verließ im Jahre 1874 Bagamoyo, um auf Kosten des „New-York Herald" und des „Daily Telegraph" eine Reise zum Victoria- und Tanganykasee anzutreten. Im Februar 1875 erreichte er das Südufer des Victoria Nyanza und stellte, des wackeren Speke Ansicht bestätigend, fest, daß dieser See ein einheitliches und zwar sehr großes Wasserbecken sei. Vom Victoria Nyanza aus wandte er sich nach Westen und stieß im Januar 1876 auf den Schneeberg Gambaragara, den er Gordon Bennet nannte, und unmittelbar darauf auf die Bucht eines Sees, der er den Namen Beatricegolf gab und die er fälschlicherweise für einen Teil des Albertsees hielt. Die neuere Forschung hat diese Annahme berichtigt und nachgewiesen, daß Stanley im Jahre 1876, ohne sich dessen bewußt zu werden, den Muta Nsige oder Albert-Edwardsee entdeckte, der durch den Semliki mit dem Albert Nyanza in Verbindung steht. Nachdem er noch den Kagera, den größten Zufluß des Victoriasees, erforscht hatte, traf Stanley im Mai in Udschidschi am Tanganyka ein, um bald nachher zur Lösung noch größerer Aufgaben nach Westen aufzubrechen.

Burton, Speke, Grant und Stanley hatten auf ihren Reisen zum Victoria Nyanza eine Route eingeschlagen, die von Bagamoyo über Tabora zum Südufer dieses Sees führte. Auf Grund von Berichten arabischer Händler behaupteten aber der englische Missionar New und der deutsche Afrikareisende Denhardt, daß man auf einem viel kürzeren Wege zum Victoria Nyanza gelangen könne, nämlich von Mombasa oder Pangani

---
[1] H. M. Stanley: How I found Livingstone. London 1872.

aus durch einen Marsch in westnordwestlicher Richtung. Von diesem, gewöhnlich als Tangaküste bezeichneten Teile der ostafrikanischen Küste aus zu dem Victoriasee vorzudringen, hatte bisher noch kein Forscher gewagt, einmal der weiten, unbewohnten Wüstenstrecken wegen, die man hätte durchqueren müssen, zum anderen, weil man die kriegerischen und beutegierigen Masai fürchtete, mit denen sich ein Zusammentreffen nur sehr schwer vermeiden ließ.

Der erste Reisende, welcher nachwies, daß dieser Weg in der Tat für Europäer gangbar sei, war der deutsche Naturforscher Dr. G. A. Fischer[1]. Im Auftrage der Hamburger Geographischen Gesellschaft verließ Fischer an der Spitze einer aus ungefähr 220 Mann bestehenden Karawane im Jahre 1882 Pangani und marschierte an den südlichen Ausläufern der Berge von Usambara und am Paregebirge entlang nach Aruscha an der Schwelle des Masailandes. Auf dem Weitermarsche kam es wiederholt zu blutigen Zusammenstößen mit den Masai, doch gelangte Fischer, ungefähr sechs Wochen nachdem er von Aruscha aufgebrochen war, mit seiner durch Krankheit und Kämpfe stark gelichteten Karawane nach Nguranani und im Mai 1883 zum Naiwaschasee im Großen ostafrikanischen Graben. Fischer erreichte den Naiwaschasee zu einer Zeit, wo gerade zahlreiche Masaihorden dort ihr Lager aufgeschlagen hatten. Die Folge davon war, daß zwischen den Leuten der Expedition und den diebischen und zudringlichen Eingeborenen sehr bald allerlei Streitigkeiten entstanden, die später in offene Fehde ausarteten. Angesichts der von Tag zu Tag immer drohender werdenden Haltung der Masai, sah sich

---

[1] G. A. Fischer: Bericht über die im Auftrage der Geographischen Gesellschaft in Hamburg unternommene Reise in das Masailand. (Mitteilungen der Geographischen Gesellschaft in Hamburg 1882—83.) Hamburg 1884—85.

Fischer schließlich gezwungen, auf eine vollständige Durchquerung des Masailandes zu verzichten. Obwohl er gar nicht mehr weit von der Nordgrenze des von den Masai bewohnten Gebietes entfernt war, trat er im Juni den Rückmarsch zur Küste an.

Glücklicher als die Fischersche Expedition verlief eine fast zu derselben Zeit unternommene Forschungsreise des Schotten Joseph Thomson[1]), dem von der Royal Geographical Society die Aufgabe gestellt worden war, sich zu vergewissern, ob eine für europäische Reisende gangbare Straße von einem der ostafrikanischen Häfen durch Masailand zum Victoria Nyanza führe, den Berg Kenia zu erforschen, durch eine vorläufige Aufnahme des Landes eine brauchbare Karte desselben herzustellen, oder die Daten zu einer solchen zu sammeln, endlich alle möglichen Beobachtungen über die Geologie, Meteorologie, Flora, Fauna und Ethnologie der durchwanderten Gebiete anzustellen. Im März 1883 brach Thomson mit einer Karawane von 140 Mann von Mombasa aus zu seiner denkwürdigen Entdeckungsreise auf. Die Nyika durchquerend, marschierte er über Taita nach Taveta im Südosten des Kilimandscharo. Ein Versuch, diesen Berg im Süden zu umgehen und durch die Ebene zwischen dem Meru und dem Kibo in das Land der Masai einzudringen, endete mit einem Mißerfolge. Wenige Tage vor Thomsons Ankunft in Taveta hatte nämlich Dr. Fischer die Masai in einem blutigen Gefechte geschlagen, und die Eingeborenen jener Gegend befanden sich daher in großer Erregung. Hätte sich Thomson nicht im entscheidenden Augenblick dem Angriff der Masai durch eine nächtliche Flucht entzogen, wäre seine Karawane wohl sehr bald auseinandergesprengt und aufgerieben worden. Durch die erlittene Schlappe ließ sich Thomson jedoch nicht entmutigen, sondern

---

[1]) J. Thomson: Through Masailand. London 1886.

machte im Juli desselben Jahres einen zweiten Vorstoß, diesmal in nördlicher Richtung. Über Ngongo Bagas im Südwesten des Kikuyulandes erreichte er den Naiwascha und einige Wochen später, nachdem er noch einen Abstecher zum Kenia unternommen hatte, den Baringosee. Von Njemps aus, einem Handelsplatze am Südende dieses Sees, wandte er sich westwärts und stieß endlich in der Landschaft Usoga auf das Nordufer des Victoria Nyanza. Während seines Aufenthaltes im Norden des Victoriasees erforschte Thomson die zahlreichen Flußläufe und Gebirgszüge Usogas und Kavirondos und kehrte dann am Elgon vorbei, einem durch seine Höhlen berühmten Vulkane, über den Naiwascha- und Baringosee zur Küste zurück. Im Juni 1884 traf er nach einem sehr beschwerlichen Marsche durch die wasserarme Nyika wieder in Mombasa ein.

Mit Genugtuung konnte Thomson auf seine Forschungsreise zurückblicken; glänzend hatte er die Erwartungen, die die Royal Geographical Society auf ihn setzte, gerechtfertigt. Nur bedauerte er, daß es ihm nicht möglich gewesen war, die Lage und die Ausdehnung jenes großen, abflußlosen Sees zu ermitteln, der, wie Eingeborene berichteten, nördlich vom Baringo in der Landschaft Samburu liegen sollte.

Um die Existenz dieses Sees von Samburu, der fälschlicherweise auf Denhardts Karte von Ostafrika als Baringosee figurierte, nachzuweisen, schickte sich im Februar 1887 eine österreichische Expedition zum Aufbruch in das Masailand an. An der Spitze dieses Unternehmens standen der Graf Samuel Teleki von Szek und der Leutnant Ritter von Höhnel.[1]) Die aus ungefähr 100 Mann bestehende Karawane marschierte von Pangani aus über Taveta nach Ngongo Bagas, durchzog dann das bisher noch gänzlich unerforschte

---

[1]) L. von Höhnel: Zum Rudolfsee und Stefaniesee. Wien 1892.

Kikuyuland und gelangte schließlich nach Ndoro am Westabhange des Kenia. Nachdem man diesen Berg bis zu einer Höhe von 4680 m bestiegen hatte, wurde die Reise durch Leikipia zum Baringosee fortgesetzt. Sich von hier aus nach Norden wendend, entdeckten Teleki und von Höhnel am 5. März 1888 den Rudolf- und anderthalb Monate später den Stefaniesee. Die außerordentliche Trockenheit, die gerade in jenem Jahre an diesen Seen herrschte, und der sehr bald eintretende Mangel an Proviant verhinderten jedoch eine genaue Erforschung derselben und zwangen die erschöpfte Karawane zur Umkehr. In Njemps am Südende des Baringosees gönnten Teleki und von Höhnel ihren Leuten noch einmal eine längere Rast und traten dann den Rückmarsch zur Küste an, die sie im Oktober 1888 bei Mombása wieder erreichten.

Als Teleki zum Rudolfsee aufbrach, war das Gebiet, welches er erforschen wollte, „no man's land", bei seiner Rückkehr nach Mombasa aber wehte über dem von ihm bereisten Lande die britische Flagge. Die Tätigkeit der Missionare und Forschungsreisenden hatte auch diesmal wieder zu den gewöhnlichen Konsequenzen geführt — der Ankunft des europäischen Konsuls und der Errichtung einer Schutzherrschaft.

Mit der Expedition Telekis kam die Erforschung des heutigen Britisch-Ostafrika, dessen physiographischer Charakter ja nun seinen Hauptzügen nach bekannt war, zu einem vorläufigen Abschluß. Spätere Reisen, von denen besonders die Emin Paschas[1], Stuhlmanns[2], Stanleys[3], Gregorys[4],

---

[1] G. Schweinfurt und F. Ratzel: Emin Pascha. Eine Sammlung von Reisebriefen und Berichten, Leipzig 1888.
[2] F. Stuhlmann: Mit Emin Pascha ins Herz v. Afrika. Berl. 1894.
[3] H. M. Stanley: In darkest Africa. London 1890.
[4] J. W. Gregory: The Great Rift Valley. London 1896.
— The Glacial Geology of Mount Kenia. (Journal of the Geological Society No. 200.) London 1894.
— The Foundation of British East Africa. London 1901.

Johnstons[1]), Lugards[2]) und Macdonalds[3]) hervorzuheben sind, haben dann unsere Kenntnis jener Gebiete im einzelnen noch vielfach erweitert. Jedoch beginnt diese zwar weniger glänzende, aber in wissenschaftlicher und praktischer Hinsicht gleich wichtige Einzelforschung erst, nachdem in den achtziger Jahren des vorigen Jahrhunderts die Aufteilung Ostafrikas unter die europäischen Mächte erfolgt war.

3. Die Aufteilung Ostafrikas unter die europäischen Mächte im 19. Jahrhundert.

Die Bemühungen des Sultans von Zanzibar im Jahre 1875, für seine Besitzungen die Schutzherrschaft des Deutschen Reiches zu erlangen, waren erfolglos geblieben. Seyid Bargasch knüpfte daher einige Jahre später (1881) Verhandlungen mit England an, doch weigerte auch dieses sich, das Protektorat über Zanzibar und das benachbarte Festlandgebiet zu übernehmen. Ein Umschwung in der ablehnenden Haltung der Engländer trat aber ein, als es 1884 Dr. Karl Peters[4]) gelang, durch Verträge mit den eingeborenen Häuptlingen die Landschaften Useguha, Nguro, Usagara und Ukami zu erwerben, und Deutschland in Zanzibar ein Berufskonsulat errichtete. Sofort erkannte England

[1]) H. H. Johnston: The Uganda Protectorate. 2 Bde. 2. Auflage. London 1904.
[2]) F. Lugard: The Rise of our East African Empire, early efforts in Uganda and Nyasaaland. 2 Bde. London 1893.
— Story of the Uganda Protectorate. London 1900.
[3]) J. R. Macdonald: Soldiering and Surveying in British East Afrika. London 1897.
H. H. Austin: With Macdonald in Uganda. London 1903.
[4]) K. Peters: Die Gründung von Deutsch-Ostafrika. Berl. 1906.

eine im Jahre 1884 von dem Forschungsreisenden Harry Johnston erworbene Konzession über Taveta am Kilimandscharo offiziell an und unterstützte den Sultan von Zanzibar in seinem Proteste gegen die von Peters abgeschlossenen Verträge. Durch einen kaiserlichen Schutzbrief vom 25. Februar 1885 fanden die deutschen Erwerbungen jedoch die amtliche Anerkennung des Reiches.

Inzwischen war es deutschen Kaufleuten geglückt, auch weiter nördlich am Unterlaufe des Tanaflusses Deutschland ein zwar kleines, aber recht wertvolles Kolonisationsgebiet zu sichern. Nachdem nämlich im Jahre 1878 die Brüder Denhardt das Land im Norden der Tanamündung bereist und nach ihrer Rückkehr nach Deutschland das Tana-Komitee begründet hatten, wußte Clemens Denhardt den Sultan Achmed von Witu zu bestimmen, ihm durch Vertrag vom 8. April 1885 ein Gebiet von 25 deutschen Quadratmeilen mit einigen 60 km Küstenlänge an der Mündung des Osi nördlich von Kipini abzutreten und sein ganzes Gebiet unter deutschen Schutz zu stellen. Bereits am 27. Mai 1885 übernahm das Deutsche Reich die ihm angebotene Schutzherrschaft. Ein Protest des Sultans von Zanzibar blieb nicht nur unbeachtet, sondern Bargasch wurde auch im August 1885 durch eine deutsche Flottendemonstration gezwungen, sowohl die Ansprüche der Brüder Denhardt, als auch die des Dr. Karl Peters anzuerkennen.

Wider Erwarten fanden die Brüder Denhardt von Seiten des Tana-Komitees nicht die finanzielle Unterstützung, welche nötig gewesen wäre, um die von ihnen erworbenen Ländereien nutzbar zu machen. Es wurde daher unter dem Vorsitze des Fürsten von Hohenlohe-Langenburg eine neue Gesellschaft, die „Deutsche Witu-Gesellschaft", ins Leben gerufen, und schon im September 1886 traf eine von diesem Konsortium ausgesandte Expedition an der ostafrikanischen

Küste ein, um das von Clemens Denhardt gekaufte Gebiet in Besitz zu nehmen. Zum Verwaltungssitz der deutschen Witu-Gesellschaft wollte man Lamu machen. Kaum erhielten jedoch die Engländer von dieser Absicht Kenntnis, als sie Anspruch auf diese Insel erhoben, die ihnen auch durch ein Schiedsgericht zugesprochen wurde. Ein deutsch-englischer Vertrag vom 1. November 1886 suchte dann die ostafrikanischen Besitzverhältnisse zu regeln. Der Einfluß des Sultans von Zanzibar sollte diesem Abkommen zufolge vom Kap Delgado bis zum Osi und 10 Seemeilen landeinwärts reichen und sich über die der Küste vorgelagerten Inseln erstrecken. Innerhalb dieses Gebietes wurde als Grenze zwischen der deutschen und der englichen Interessensphäre der Umba festgesetzt. Zu dem unter deutschen Schutz gestellten Sultanat Witu sollte die Küste von der Osimündung ab bis zum Nordende der Mandabucht gehören. Über die weiter nördlich gelegenen Häfen Kismaju, Barawa, Merka, Mukdischu und Warscheich mit je einem Hinterlande von 5—10 Seemeilen Durchmesser wurde die Oberhoheit des Sultans von Zanzibar anerkannt. Außerdem trat Deutschland dem englisch-französischen Vertrage von 1862 bei, der die „Unabhängigkeit" des Sultans von Zanzibar gewährleistete.

Die Verwaltung und Ausnutzung des Landes zwischen Umba und Osi, das durch das deutsch-englische Abkommen vom 1. November 1886 England zugefallen war, übertrug dieses der „Imperial British East Africa Company", die über ein Kapital von zwei Millionen Pfund Sterling verfügte und ihren Sitz in Mombasa hatte. Diese Gesellschaft erwarb durch einen Vertrag vom 24. Mai 1887 von Seyid Bargasch auch noch das Verwaltungsrecht über die Küstenplätze zwischen Wanga und Kipini, zunächst gegen eine Abgabe von 50% der Zolleinnahmen auf 50 Jahre, später gegen Zahlung einer jährlichen Pachtsumme von 80000 Dollar für immer.

Die „Deutsch-Ostafrikanische Gesellschaft", die im Jahre 1885 zur Ausbeutung des von Dr. Karl Peters erworbenen Gebietes begründet worden war, traf mit Seyid Khalifa, dem Bruder und Nachfolger Seyid Bargaschs, am 28. April 1888 ein ähnliches Abkommen, demzufolge die Verwaltung des Küstenstreifens zwischen Umba und Rovuma auf diese Gesellschaft übergehen sollte. Als aber die Deutschen am 16. August 1888 in den ihnen überlassenen Sultanshäfen ihre Flagge hißten, kam es fast überall zu Revolten seitens der Araber und der von ihnen abhängigen Eingeborenen. Die „Deutsch-Ostafrikanische Gesellschaft" besaß weder Truppen noch Schiffe und stand daher dem sich immer weiter ausbreitenden Aufstande[1] machtlos gegenüber. Glücklicherweise sah man in Deutschland sehr bald ein, daß, wollte man die junge Kolonie nicht wieder aufgeben, das Reich eingreifen müsse. Ein Geschwader wurde zusammengezogen und vom 2. Dezember an blockierten deutsche und englische Kriegsschiffe die ganze ostafrikanische Küste zwischen 2° 10′ und 10° 28′ südlicher Breite, um die Einfuhr von Kriegsmaterial zu verhindern. Auf dem Festlande suchte ein Expeditionskorps unter Hauptmann von Wißmann[2] die bis auf Dar-es-Salaam und Bagamoyo verlorengegangenen Stationen zurückzugewinnen. Im Mai 1889 erstürmte Wißmann das befestigte Lager des Halbblutarabers Buschiri bei Bagamoyo, eroberte Saadani, Pangani und Tanga und ließ Buschiri, die

---

[1] O. Baumann: In Deutsch-Ostafrika während des Aufstandes. Wien und Olmütz 1890.

R. Schmidt: Geschichte des Araberaufstandes in Ostafrika. Frankfurt a. O. 1892.

[2] C. v. Perbandt, G. Richelmann und R. Schmidt: Hermann v. Wißmann, Deutschlands größter Afrikaner. Berl. 1895.

Seele des Aufstandes, den man nach mehreren für ihn unglücklichen Treffen auf der Flucht ergriffen hatte, in Pangani hinrichten. Ein anderer Rebellenführer, Bana Heri, unterwarf sich kurze Zeit darauf, und nachdem sich auch die Küstenplätze Kilwa, Lindi und Mikindani ergeben hatten, waren die Deutschen wieder die Herren des Landes.

Nach der Niederwerfung des Araberaufstandes hielt es Deutschland für geboten, durch eine Auseinandersetzung mit England die ostafrikanischen Besitzverhältnisse von neuem zu regeln. Dies geschah durch das zwischen der englischen und der deutschen Regierung getroffene Abkommen vom 1. Juli 1890. Infolge dieses, von dem deutschen Reichskanzler, Grafen von Caprivi, abgeschlossenen Vertrages trat das Deutsche Reich das Sultanat Witu an England ab, ebenso den Küstenstreifen zwischen Witu und Kismaju, den die Deutschen erst kurz vorher annektiert hatten. Ferner verzichtete das Deutsche Reich auf die Erhaltung der Selbständigkeit von Zanzibar und damit auf die kommerziellen Vorteile, die ihm diese Insel als Handelszentrum sicher verschafft haben würde. Es erhielt dafür die Insel Helgoland, und außerdem erkannte England die Hoheitsrechte Deutschlands über das von diesem beanspruchte Gebiet zwischen Umba und Rovuma von der Küste bis zu den drei großen Seen im Inneren an. Nachträglich wurde Deutschland noch die Insel Mafia gegen Überlassung einer Teilstrecke der wichtigen Stevensonstraße zwischen dem Nyassa- und dem Tanganykasee an England zugesprochen.

Auf Grund dieses ihm so überaus günstigen Vertrages, den eine englische Zeitung als „the foolish Heligoland-Zanzibar agreement, which gave Britain one of the best bargains ever known in political history" bezeichnete, übernahm England am 4. November 1890 das Protektorat über die Inseln Zanzibar und Pemba.

Zugleich stellte es die vom Sultan von Zanzibar an die „British East Africa Company" verpachtete Festlandküste zwischen Umba und Tana 'unter seinen Schutz und am 19. November auch das Sultanat Witu und das Land zwischen Tana und Dschub.

Mittlerweile hatte Deutschland Seyid Khalifa zu veranlassen gewußt, am 28. Oktober 1890 auf seine Hoheitsrechte über das der deutschen Interessensphäre vorgelagerte Küstengebiet zu Gunsten des Deutschen Kaisers zu verzichten. Dieser Küstenstreifen ging dann nach einem Abkommen mit der „Deutsch-Ostafrikanischen Gesellschaft" vom 20. November 1890 zusammen mit dem Gebiete dieser Gesellschaft am 1. Januar 1891 als Reichskolonie in den Besitz des Deutschen Reiches über.

Die Italiener, deren Ansprüche auf die nordöstlich vom Dschub gelegenen Länder schon in dem deutsch-englischen Vertrage vom 1. Juli 1890 anerkannt worden waren, pachteten am 12. August 1892 von dem Sultan von Zanzibar auch die vier Häfen Barawa, Merka, Mukdischu und Warscheich. Damit war die Aufteilung wenigstens des Küstengebietes Ostafrikas unter die europäischen Mächte beendet.

Schon bald nachdem die englische Regierung mit der Verwaltung und Ausbeutung des ihr am 1. November 1886 zugesprochenen Landes zwischen Umba und Osi die „Imperial British East Africa Company" betraut hatte, drängte sie diese Gesellschaft, ihre Einflußsphäre nach Westen hin zu erweitern. Im Auftrage der „Imperial British East Africa Company" unternahmen daher deren Agenten Jackson und Gedge eine Expedition in das Innere, um mit den eingeborenen Häuptlingen Schutzverträge abzuschließen. Sie erreichten glücklich den Victoriasee und errichteten in der Landschaft Kavirondo eine Handelsstation. Im April 1890 drangen sie nach Uganda vor, wo gerade infolge von Religionsstreitigkeiten völlige Anarchie herrschte. Kurz nach ihrer Ankunft traf auch Kapitän Lugard dort ein, dem es infolge seines energischen und umsichtigen Vorgehens glückte, die Ruhe bald wiederherzustellen. Von neuem ausbrechende Zwistigkeiten legte Lugard abermals bei und bestimmte im Jahre 1892 den König Muanga von Uganda, sein Land unter das Protektorat der „Imperial British East Africa Company" zu stellen. Diese Gesellschaft besaß nunmehr ein Gebiet, das die ganze Küste zwischen Umba und Dschub mit den Hafenplätzen Mombasa, Malindi, Lamu und Kismaju umfaßte und sich nach Westen hin bis zum Kongostaat und der ehemaligen Aequatorialprovinz Emin Paschas ausdehnte. Nachdem schon am 24. März 1891 durch einen Vertrag zwischen England und Italien der Dschub als Nord- und Nordostgrenze dieses stattlichen Besitzes festgesetzt worden war, traf England im Jahre 1894 mit dem Kongostaat ein Abkommen, demzufolge der 30. Grad östlicher Länge die britische Interessensphäre im Westen begrenzen sollte.

Durch mancherlei Aufwendungen und nicht zum wenigsten durch die kostspieligen Expeditionen ins Innere waren aber die Mittel der „Imperial British East Africa Company" bald derartig erschöpft, daß sie sich entschloß, einen Teil des von ihr erworbenen kolossalen Gebietes wieder aufzugeben. Sie ordnete daher, ohne den Protest des Sultans Fumo Omari von Witu zu beachten, die Räumung des Landes zwischen Tana und Dschub an. Trotzdem wurde die finanzielle Lage der Gesellschaft immer mißlicher, und als auch die Hoffnung, das englische Parlament würde die Kosten für eine Bahn von der Küste bis zum Victoria Nyanza bewilligen, fehlschlug, und in Uganda von neuem Unruhen entstanden, erklärte die „Imperial British East Africa Company", Uganda und seine

Nachbargebiete nicht länger halten zu können. Gegen eine Aufgabe jener Länder empörte sich aber in England die öffentliche Meinung, und die englische Regierung schickte infolgedessen ihren Generalkonsul in Zanzibar, Sir Gerald Portal, nach Uganda, um die Lage der Dinge zu untersuchen und übernahm auf dessen Bericht hin am 19. Juni 1894 Uganda als besonderes Protektorat. Ein Jahr später, am 15. Juni 1895, stellte die englische Regierung auch das ganze Gebiet zwischen dem Uganda-Protektorat und der Küste unter ihren Schutz, das am 30. Juni von der am Ende ihrer Mittel angekommenen „Imperial British East Africa Company" gegen eine Abfindungssumme von 250000 Pfund Sterling geräumt wurde. Dieses nunmehr unter Staatsverwaltung genommene Territorium wurde zunächst dem englischen Generalkonsul in Zanzibar unterstellt, am 31. August 1896 aber als East Africa Protectorate für ein besonderes Schutzgebiet erklärt. Mit dem Uganda Protectorate[1]) und den Inseln Zanzibar und

---

[1]) Nach „The Statesman's Yearbook 1906" wird das Uganda-Protektorat in folgende Provinzen und Distrikte eingeteilt:
    I. Central Province.
      District of Elgon,
         „   „ Karamoyo,
         „   „ Busoga,
         „   „ Bukedi,
         „   „ Lobor.
    II. Rudolf Province.
      District of Turkwel,
         „   „ Turkana,
         „   „ Dabossa.
    III. Nile Province.
      District of Dodinga,
         „   „ Bari,
         „   „ Shuli.
    IV. Western Province.
      District of Ungoro,
         „   „ Toro,
         „   „ Ankole.
    V. Kingdom of Uganda.

Pemba bildet das East Africa Protectorate[1] heute den ostafrikanischen Besitz Englands.

---

[1] Dem „Handbook for British East Africa, Uganda and Zanzibar 1906" zufolge besteht das Ostafrika-Protektorat jetzt aus folgenden Provinzen und Distrikten:

  I. Jumbaland Province.
  II. Tanaland Province.
   District of Lamu,
    „ „ Tana River.
  III. Seyidie Province.
   District of Mombasa,
    „ „ Malindi,
    „ „ Vanga,
    „ „ Taita.
  IV. Ukamba Province.
   District of Machakos,
    „ „ Kitui,
    „ „ Dagoretti.
  V. Naivasha Province.
   District of Maivasha,
    „ „ Ravine,
    „ „ Baringo.
  VI. Kenya Province
   District of Fort Hall,
    „ „ Nyeri.
  VII. Kisumu Province.
   District of Kisumu,
    „ „ Mumias,
    „ „ Nandi,
    „ „ Kericho.

III. Lage und Oberflächengestalt.

Der britische Besitz auf dem ostafrikanischen Festlande umfaßt schätzungsweise ein Areal von 2 600 000 qkm, von denen etwa 2 240 000 qkm auf das East Africa Protectorate und 360 000 qkm auf das Uganda Protectorate entfallen. Dieser gewaltige Länderkomplex dehnt sich teils nördlich, teils südlich vom Äquator aus, gehört vollständig der heißen Zone an und liegt zwischen 30 und 43 Grad Ost und zwischen 6 Grad Nord und 5 Grad Süd.

Die Inlandgrenzen dieses Gebietes sind größtenteils künstliche und außerdem oft noch recht unbestimmt. Im Süden wird das britische Territorium von dem deutschen durch eine Linie getrennt, die von dem Hafen Wanga an der Mündung des Umbaflusses in nordwestlicher Richtung bis zum Dschipesee verläuft, dann zwischen den Landschaften Dschagga und Taveta hindurchführt, die nördlichen Abhänge des Kilimandscharo umgeht und endlich das Ostufer des Victoria Nyanza unter 1^0 südlicher Breite trifft. Von dort ab folgt die Grenze zwischen Britisch- und Deutsch-Ostafrika dem ersten Grad südlicher Breite, der den Victoriasee in eine nördliche englische und in eine südliche deutsche Hälfte teilt und unter 30^0 Ost die Ostgrenze des Kongostaates erreicht. Abgesehen von dem Bogen, den diese Südgrenze macht, indem sie den Kilimandscharo im Osten und Norden umgeht, ist dieselbe nach rein diplomatischen Erwägungen gezogen, ohne Rücksicht auf die geographischen Verhältnisse des Landes. Im Nordosten reicht das englische Territorium bis zum Juba, und im Norden haben die Engländer in ziemlich eigenmächtiger Weise den 6. Grad nördlicher Breite als Grenzlinie zwischen ihrer Interessensphäre und dem Reiche Meneliks II. von

Abessinien festgesetzt. Im Westen scheidet den englischen Besitz von dem Kongostaate eine Linie, die von einem unter 30° Ost und 1° Nord gelegenen Punkte ausgeht und dem 30. Grad östlicher Länge bis etwa zum Aruwimi, einem rechten Nebenflusse des Kongo, folgt, hierauf den Albertsee im Nordwesten umgeht und südlich von Wadelai den Nil trifft, der dann weiter nach Norden hin die Westgrenze von Britisch-Ostafrika bildet. Allerdings erhebt England auch noch Anspruch auf einen westlich von der Nilstrecke Wadelai-Lado gelegenen Landstrich, doch wird derselbe vorläufig von dem Kongostaate verwaltet. Im Nordwesten grenzt Britisch-Ostafrika an die alte Äquatorialprovinz von Ägypten, die jetzt unter dem gemeinsamen Schutze Englands und Ägyptens steht; wo aber die britische Herrschaft aufhört und die anglo-ägyptische anfängt, ist schwer zu sagen.

Das teilweise noch gänzlich unbekannte Land steigt von der schmalen Küstenebene am Indischen Ozean aus rasch in Stufen zu dem Großen innerafrikanischen Plateau auf. Die höchsten Erhebungen dieser Hochfläche sind auf englischem Boden der 5600 m hohe, unter dem Aequator gelegene Kenia und der Ruwenzori, dessen bedeutendster Gipfel eine Höhe von 5125 m erreicht. Von Norden nach Süden durchschneidet das britische Gebiet der sogenannte Ostafrikanische Graben, eine ungeheure Bruchlinie, die sich unter dem 36. Grad östlicher Länge hinzieht. In dieser Senkung, die der Engländer gewöhnlich als „the Great Rift Valley" bezeichnet, liegen der Naiwascha-, Baringo-, Rudolf- und Stefaniesee. Außer diesen vier Seen gehören Britisch-Ostafrika noch der nördliche Teil des Victoria Nyanza, der östliche Zipfel des Albert-Edwardsees und der ganze Albertsee an. Die beiden letzteren Seen liegen in dem Zentralafrikanischen Graben, dessen Fortsetzung nach Norden hin das Niltal bildet. Die bedeutendsten Flüsse des britischen Schutzgebietes sind der Juba, Tana und Sabaki im Osten und der Oberlauf des Nils im Westen.

Der Juba, Dschub oder Webi Giweni war lange Zeit nur bis Bardera, wo die Expedition von der Deckens ihren Untergang gefunden hatte, bekannt. Später haben verschiedene Reisende diesen Fluß weiter erforscht, 1875 Chaillé-Long, 1892 Dundas und in den Jahren 1892—97 Vittorio Bottego[1]). Heute wissen wir, daß der Juba aus zahlreichen Quellflüssen entsteht, die an dem östlichen Rande des Ostafrikanischen Grabens in einer Höhe von 1000 bis 1500 m entspringen. Seine wichtigsten Nebenflüsse sind der Webi Dau, der Galon Salalu und der den Wamasee bildende Lakjira, die ihm von Westen her zufließen. An seinen Ufern ziehen sich streckenweise recht fruchtbare Landstriche hin, Oasen in der sonst so öden Gegend. Für die Schiffahrt wird der Juba, der unter 0° 14' S nördlich von Kismaju in den Indischen Ozean mündet, wohl auch in Zukunft der in seinem Flußbette vorhandenen Untiefen und Barren wegen nur von geringer Bedeutung sein.

Ein zweiter Fluß Britisch-Ostafrikas, der Tana, entspringt mit zahlreichen Quellbächen an den südlichen Abhängen des Kenia, beschreibt dann einen weiten, nach Süden offenen Bogen und fließt schließlich in südöstlicher Richtung dem Indischen Ozean zu. Er ergießt sich unter 2° 40' S in die Formosa- oder Ungamabai. Ungefähr 16 km oberhalb seiner Mündung steht er durch den Balazonikanal mit einem kleinen Küstenflusse, dem Osi, in Verbindung. Von Norden her nimmt der Tana den Kiloluma und Mackenzie auf, von Westen her den Galole, Kumbi und Lagh Buna. Auf einer Strecke von 576 km bis zu dem unterhalb

---

[1]) V. Bottego: Il Giuba esplorato. Turin 1895.

der Hargazofälle gelegenen Orte Hameye (Balati) kann der Tana von flachgehenden Booten befahren werden, wenn auch die Schiffahrt durch eine störende Barre an seiner Mündung und durch viele scharfe und veränderliche Krümmungen seines Laufes sehr erschwert wird. Seine Schwell- und Überschwemmungszeit beginnt im Mai und dauert bis zum September, während er vom Januar bis Anfang April den niedrigsten Wasserstand aufweist. Stromaufwärts bis nach Kina Komba sind die Ufer des Tana von ungemein fruchtbarem Lande bedeckt, an dessen Stelle weiter nordwärts öde Savannen treten, die sich bis zu der von schönen Weidegründen erfüllten Landschaft Wadsaga (Wathaka) hinziehen.

Der dritte größere Fluß Britisch-Ostafrikas, der sein Wasser dem Indischen Ozean zuführt, ist der Sabaki. Er entsteht durch die Vereinigung des im Südwesten des Kenia entspringenden Athi und des vom Nordabhange des Kilimandscharo kommenden Tsavo und kann daher gleichzeitig als Abfluß des Kenia- und des Kilimandscharogebietes betrachtet werden. Nur bis zu den ersten Schnellen ist der Sabaki für kleinere Fahrzeuge schiffbar. Nördlich von Melinde, unter ungefähr $3°10'$ südlicher Breite ergießt er sich in den Indischen Ozean.

Man kann den ganzen ostafrikanischen Festlandbesitz Englands in sieben, ihrem physiographischen Charakter nach sehr verschiedene Landzonen einteilen, die annähernd parallel zu der Küste verlaufen. Die erste dieser Zonen besteht aus der Küstenebene und den ihr vorgelagerten Inseln. Den zweiten Streifen bildet ein unfruchtbares Hochland, die Nyika, welche sich im Westen der Küstenregion in einer Breite von 100—300 km hinzieht. Der dritte Landgürtel umfaßt die vulkanischen Ebenen des Masailandes, die zwischen der Nyika und der Ostwand des Großen ostafrikanischen Grabens liegen. Als vierter Streifen folgt dann der Ostafrikanische Graben selbst, der im Westen von der Böschung des Mau-Kamasiaplateaus begrenzt wird. Diese Hochebene, welche den fünften Streifen bildet, fällt allmählich zu dem sechsten Landstrich, dem Victoria Nyanzagebiet ab. An die Niederung des Victoriasees reiht sich endlich als siebente Zone der Große zentralafrikanische Graben und dessen nördliche Fortsetzung, das Tal des Weißen Nils.

Der erste von jenen Landstreifen, den der Reisende gewöhnlich kennen lernt, ist die Küstenzone, die ihres fruchtbaren Bodens, der ziemlich dichten Bevölkerung und der reichlichen Niederschläge wegen zu den entwickelungsfähigsten Distrikten Britisch-Ostafrikas zählt. Der Küste, welche in dieser Gegend Ostafrikas den Charakter einer Flachküste trägt, während sie sich von der Jubamündung aus nordwärts und von der Delagoabai aus nach Süden als Steilküste fortsetzt, sind mit Unterbrechung zahlreiche Korallenriffe vorgelagert. An ihnen brechen sich die Wogen des Indischen Ozeans, sodaß zwischen den Riffen und dem Festlande eine verhältnismäßig ruhige Wasserfläche vorhanden ist, die kleineren Schiffen bei Sturm und rauher See einen sicheren Ankerplatz bietet. Weiter seewärts von diesen Riffen zieht sich eine Reihe von Koralleninseln hin, von denen Koiyama, Chambuni, Towalla, Tula, Darakas, Patta, Manda, Lamu, Tenere und Wasin die bedeutendsten sind. Der eigentliche Festlandstrand, an dem sich hier und dort mit Palmen gekrönte Hügel erheben, und den ausgedehnte Mangrovewälder umsäumen, besteht aus Korallenkalk und Sandanhäufungen. An verschiedenen Stellen ragen auch graue, aus gehobenen Korallenfelsen bestehende Klippen empor, die infolge starker Verwitterung allerlei groteske Formen angenommen haben. Von den Suaheli wird die Küstenebene, die eine Breite von nur 10 bis 15 km besitzt,

Temborari genannt. Außer dem Umba, Tana und Sabaki durchziehen diese Region zahlreiche kleinere Wasserläufe wie der Dodori, Osi, Voi, Ramisi und Umba, die auf dem Ostafrikanischen Plateau entspringen und sich schon nach kurzem Laufe in den Indischen Ozean ergießen.

Der Küstenzone gehören auch die wichtigsten Handelsplätze des Schutzgebietes an, von denen Mombasa heute bei weitem der bedeutendste ist.

Mombasa oder Mwita, wie es die Suaheli nennen, der Verkehrsmittelpunkt von ganz Britisch-Ostafrika, liegt an der Ostseite einer kleinen, gleichnamigen Koralleninsel, die im Nordwesten, bei Makupa, durch eine seichte Furt mit dem Festlande in Verbindung steht. Die Insel, die die Gestalt eines unregelmäßigen Ovals besitzt, wird durch die Gabelung des malerischen Mombasaflüßchens gebildet, welches sich von hier aus tief ins Land bis an den Fuß der Rabaiberge erstreckt. Etwa eine Meile von der niedrigen, dichtbewaldeten Küste entfernt, an der Mombasa liegt, zieht sich ein gefährliches Korallenriff entlang. Dazu kommt noch eine starke Strömung als weitere Erschwerung der Anfahrt dieses Handelsplatzes. Der nördlich von der Stadt zwischen der Insel und dem Festlande gelegene Wasserarm, der zur Zeit den Hafen bildet, ist so schmal, daß es den Schiffen große Schwierigkeiten bereitet, zwischen seinen 30—50 Fuß hohen Steilufern zu manövrieren; auch fehlen moderne Ufer- und Landungsanlagen noch vollständig. Der bisher nicht benutzte Südarm Kilindini ist breiter und würde selbst größeren Schiffen jederzeit zu drehen gestatten. Jenseits des nördlichen Hafenarmes liegt zwischen Gärten und Palmenhainen Kiakoni oder Frere Town, eine Station der Church of England Mission. Mombasa hat heute eine Bevölkerung von 25 000 eingeborenen Einwohnern, zu denen noch ungefähr 250 Araber, 80—100 Inder, und eine kleine Anzahl Europäer hinzukommen. Eine Straßenbahn, deren Wagen von Eingeborenen geschoben werden, vermittelt den Verkehr zwischen Mombasa und dem an dem südlichen Meeresarme gelegenen Kilindini, der Kopfstation der Ugandabahn.

Nördlich von Mombasa an der Mündung des Sabaki liegt Malindi (Melinde), das ebenso wie der noch weiter nordwärts gelegene Binnenlandort Witu etwa 6000 Einwohner besitzt. Weit wichtiger als Witu und Malindi ist infolge seines Elfenbein- und Reisexportes das nordöstlich von Witu auf einer Insel gelegene Lamu, welches als Handelsplatz nur hinter Mombasa zurücksteht. Als nördlichster Hafen Britisch-Ostafrikas verdient endlich noch das südlich von der Jubamündung liegende Kismaju erwähnt zu werden, das aber nur eine Bevölkerung von 1300 Seelen aufweist.

Landeinwärts von den Korallenklippen der Küste findet man in den Tälern Palmenhaine, Obstgärten, Reisfelder, Bananenplantagen und wohlbebaute Felder mit Yams, Mais, Erdnüssen und Bohnen, zwischen denen Dörfer mit länglichen, meist aus Palmblättern zusammengeflochtenen Hütten liegen. Unterbrochen werden die bebauten Landstriche von weiten, mit Akaziengebüsch bedeckten Strecken und von Wäldern mit Palmen, Theka- und Ebenholzbäumen. Der zahllosen Schlingpflanzen und des dichten Unterholzes wegen sind diese Wälder fast undurchdringlich.

Im Westen endet die Zone der Küstenebene und der niedrigen Küstenhügel an dem Fuße einer meist sanft aufsteigenden Plateaustufe aus Bildungen der Jurazeit, an die sich weiter landeinwärts mit steilem Anstieg jene, von den Eingeborenen als Nyika bezeichnete Steppe anschließt. Aus der Ferne sieht der Abhang der Nyika wie die Seite einer Gebirgskette aus, beim Aufstieg aber erweist er sich als die östliche

Böschung der Ostafrikanischen Hochebene. Von Mombasa aus ist diese Abdachung recht gut zu sehen, und die Ugandabahn erklettert, bald nachdem sie das Festland erreicht hat, den Teil dieses Abhanges, der unter dem Namen des Höhenzuges von Rabai bekannt ist. In anderen Gegenden Britisch-Ostafrikas, wo die Küstenzone breiter ist, liegt die Böschung der Nyika weiter landeinwärts. Da, wo sie von Flüssen durchbrochen wird, führt in dem Tale derselben an Stelle des kurzen, steilen ein langer allmählicher Aufstieg in das Innere des Landes.

Hat der von der Küste kommende Reisende diesen Abhang glücklich erstiegen, so dehnt sich vor ihm, so weit das Auge reicht, die Nyika mit ihrem rötlichen, dürren Boden und ihrer Wasserarmut aus. Der englische Naturforscher Scott-Elliot[1]) schildert uns den Eindruck, den die Nyika, die er als „a most curious district" bezeichnet, auf den Besucher macht, in recht anschaulicher Weise mit folgenden Worten:

„Gnarled and twisted acacias of all sorts and sizes, usually with bright, white bark and a very thin and naked appearance, cover the whole country. Amongst these one finds the flat-topped acacia and curious trees of euphorbia. The grasses and sedges in this part grow in little tufts, at some distance from one another, leaving the general tint of the landscape that of the soil itself. No sward or turf is formed, and, except immediately after the rains, all these grasses are dead, dry and withered up. Most of the plants are either thorny or fleshy, as is usual in all desert countries."

Eine ähnliche Schilderung entwirft Thomson[2]) von der Nyika:

---

[1]) G. F. Scott-Elliot: A Naturalist in Mid-Afrika. London 1896.
[2]) J. Thomson: Through Masailand. London 1886.

„The dense jungle, the grassy glades, the open forest disappear, and their place is taken by what may be called a skeleton forest. Weird and ghastly is the aspect of the greyish-coloured trees and bushes; for they are almost totally destitute of tender, waving branch or quivering leaf. No pliant twig or graceful foliage responds to the pleasing influence of the passing breeze. Stern and unbending, they present rigid arms or formidable thorns, as if bidding defiance to drought or storm. To heighten the sombre effect of the scene, dead trees are observable in every direction raising their shattered forms among the living, unable to hold their own in the struggle for existence.

Hardly a spot of green relieves the depressing landscape and only here and there could a tuft of grass be seen. A dreary silence reigned supreme, unbroken by the chirp of insect or the song of bird. No grass rustled, no leafy branch sighed or pattered like dropping rain. The wind, hasting past fresh from the ocean, raisend only a mournful whistling or dreary creaking, eerie and full of sadness, as if it said: Here all is death and desolation!"

Anders sieht allerdings die Nyika am Ende der Regenzeit aus, wo die sonst so öde und einförmige Steppe in frischem Grün prangt. Allein sobald der Regen aufhört, versengt die Tropensonne die sich üppig entwickelnde Vegetation, die Wasserlachen verschwinden allmählich, und die Bäche versiegen. Eine Zeit lang bedeckt dann noch ein Überzug von kohlartiger Stratiotis oder breitblättrigem Lotus die Sümpfe, die als grüne Inseln in der sie umgebenden Wüste zurückgeblieben sind, bald aber lassen die glühenden Sonnenstrahlen und die heiße Luft auch diese Wassertümpel verdunsten, und die früheren Oasen bilden nunmehr nur noch einen Teil der traurigen Nyikasteppe.

Wie Gregory ausdrücklich hervorhebt, erstreckt sich die Nyika mit Ausnahme einiger Oasen und schmaler Streifen an den Ufern des Tana und Sabaki durch das ganze Land von Norden nach Süden und noch weit über seine Grenzen hinaus. Im Osten des Nyikaplateaus sind Schieferton, Sandstein und jenes grobe, kiesige Material, welches die Kohlenregion von Ostafrika repräsentiert und sich in einem schmalen Streifen ununterbrochen vom Äquator bis zum Kap hinzieht, die vorherrschenden Gesteinsarten, während der westliche Teil dieser Steppe größtenteils aus Schiefer, Grauwacke und Hornblende besteht. Da die meisten dieser Gesteine reich an Eisen sind, so zeigt der durch ihre Zersetzung entstandene Boden, der auffallend wenig fruchtbare Bestandteile enthält, eine blendend rote Farbe.

Obwohl man die Nyika gewöhnlich als Ebene bezeichnet, ist ihre Oberfläche doch keineswegs eben. Vielmehr haben im Laufe der Zeit die Flüsse, der Regen, und die vom Winde in Bewegung gesetzten Sandmassen durch ihre Tätigkeit die Steppe in ein welliges Gelände verwandelt, das überdies noch von zahlreichen steilen, mit Geröll bedeckten Höhen und Kuppen unterbrochen wird. Die bedeutendsten Erhebungen der Nyika ziehen sich als eine Reihe von Graten unter dem 38. Meridian östlich von Greenwich hin und erreichen eine Höhe von ungefähr 2000 m über dem Meeresspiegel. Der bekannteste Teil dieser Hügelkette, die wir als den Überrest des ältesten Gebirges Britisch-Ostafrikas anzusehen haben, sind die Berge von Taita. Wie ein Archipel ragen die höchsten Gipfel derselben, die Piks von Bura (ca. 2135 m), der Kasigao oder Kadiaro (1633 m) und der Ndara (2023 m) aus dem sie umgebenden Steppenmeer empor. Steile Abhänge und schwer zugängliche Spitzen und Bergrücken sind für das Taitagebirge, dessen Hauptmasse aus Gneis und granitführenden Schiefern besteht, charakteristisch.

Im Westen wird die Nyika von den weiten Lavaebenen von Kapte und Leikipia begrenzt, die wahrscheinlich den zukunftsreichsten Teil von ganz Britisch-Ostafrika bilden. Der aus verwitterten vulkanischen Gesteinen bestehende Boden jener ausgedehnten Landstriche ist überaus fruchtbar, und infolge des verhältnismäßig gesunden Klimas kann der Europäer hier mit geringerem Schaden für seine Gesundheit leben als in irgend einer anderen Gegend des äquatorialen Afrika.

Das Hochland von Kapte setzt sich zum größten Teil aus zahlreichen wellenförmigen und ziemlich baumfreien Grasflächen zusammen, die von verschiedenen kleineren Wasserläufen, den Quellflüssen des Athi, durchzogen werden. Im Norden geht es in die mit Urwald bedeckte Landschaft Kikuyu über, die durch die Gebirgsmassen des Kenia und der Aberdarekette von dem noch weiter nordwärts gelegenen Hochlande von Leikipia getrennt wird. Den südlichsten Teil der Ebene von Kapte bildet die Ngiriwüste, die in einer Meereshöhe von etwa 1000 m liegt und sich vom Kilimandscharo im Süden bis zu den Kiuliubergen im Osten und dem Matumbato im Nordwesten ausdehnt. Nur hier und da wird der feuchte, schlammige Sand der Ngiriwüste, der, von verschiedenen Salzen getränkt, jeden Pflanzenwuchs unmöglich macht, von kleinen, mit wogendem Schilfgras und Papyrus umsäumten Wasserflächen unterbrochen. Diese abflußlosen Teiche und Sümpfe werden von Süßwasserquellen gespeist, doch hat bei ihnen im Laufe der Zeit eine sehr starke Ansammlung von Salzen stattgefunden. Weite Strecken an ihren Ufern sind mit einer aus Natron- und Salpeter bestehenden Kruste bedeckt, die durch die Verwitterung der von diesen Sümpfen in der trockenen Jahreszeit ausgeschiedenen Salze entstanden ist. Ostwärts erstreckt sich das Hochland von Kapte bis zu den Ulubergen, während es nach Westen hin zu der im Ostafrikanischen Graben gelegenen Dogilaniwüste abfällt. Diese westliche Abdachung wird von zahlreichen vulkanischen Erhebungen unterbrochen, von denen der Doenje Lamuju (2240 m) und der südlich von ihm liegende Doenje Erok el Kapte (2140 m) die bedeutendsten sind.

Wie schon erwähnt, schließt sich im Norden an das Hochland von Kapte die Landschaft Kikuyu an, eine mächtige, mit üppiger tropischer Vegetation bedeckte Bodenwelle, die von den Quellbächen des Kilalumi oder Tana entwässert wird. Durch eine erstaunliche Fruchtbarkeit zeichnet sich diese Region des britischen Schutzgebietes aus, und überall gedeihen hier große Mengen von süßen Kartoffeln (Batatas), Yams (Dioscorea), Kassava (Jatropha), Zuckerrohr (Saccharum), Mais (Zea), und Hirse (Andropogon). Die höher gelegenen Gegenden Kikuyus bedecken ausgedehnte Bestände von Podocarpus elongata, Juniperus procera und Borassus flabelliformis.

Im Norden des Hochlandes von Kikuyu breitet sich die großartige Gebirgslandschaft Leikipa aus, ein weites, ungefähr 2070 m über der See gelegenes Lavaplateau, das seinem physiographischen Charakter nach nur sehr wenig von dem südlicheren Kapte verschieden ist. Das Land durchziehen zahlreiche Wasserläufe, die sich zu dem Guasso Njiro, einem Flusse von beträchtlicher Größe, vereinigen. Der südlichste Teil Leikipias wird von zwei gewaltigen Gebirgsmassen flankiert, von der Aberdarekette im Westen und von dem Kenia im Osten.

Das Aberdaregebirge, wie Thomson[1] diese Bergkette im Jahre 1883 nach dem damaligen Vorsitzenden der Royal Geographical Society nannte, erreicht eine

---

[1] J. Thomson: Through Masailand. London 1886.

Höhe von über 4000 m. Es verläuft in nordsüdlicher Richtung und ist ungefähr 100 km lang. Die Eingeborenen besitzen für dieses Gebirge keinen Namen, sondern unterscheiden nur einzelne Teile desselben. So wird ein Berg im Süden der Aberdarekette nach einer sich westlich von ihm ausdehnenden Ebene Doenje Kinangop genannt. Nördlich von ihm ragt eine große, gleichmäßig gerundete Masse empor, die mit dunklem Wald bedeckt ist und als Subugu (= waldbedeckt) la Poron bezeichnet wird. Ein niedriger nördlicher Ausläufer heißt Settima, während nach Westen hin ein Berg vorspringt, der unter dem Namen Gojito bekannt ist.

Im Osten der Aberdarekette, von dieser durch eine schmale Ebene getrennt, erhebt sich der zweite Riesenberg Ostafrikas, der 5600 m hohe Kenia. Nach Gregorys Darstellung besitzt der Kenia, dessen höchste Spitze im Herbst 1899 von Mackinder[1] zuerst erstiegen wurde, einen noch größeren Umfang und wahrscheinlich auch ein noch höheres Alter als der Kilimandscharo. Man unterscheidet bei ihm die sehr allmählich aufsteigende Waldzone, die felsige und durch Schluchten in zahlreiche Rippen zerteilte Region der Alpenweiden und schließlich den aus mehreren sehr steilen Pyramiden bestehenden Zentralkegel. Der einstige Kraterkessel, dessen Rand zum Teil eingestürzt ist, hat einen Umfang von 4—4,5 km, ist 200—300 m tief und mit Eis und Schnee angefüllt. Die drei höchsten Kuppen des Kraterrandes, von denen eine den Namen Victoriaspitze führt, steigen über einem von Nordwesten nach Südosten streichenden Grat auf, von dem fünfzehn Gletscher ausgehen. Die Gletscherzungen liegen im Mittel 4425 m hoch, doch deuten Moränen

---

[1] W. Mackinder: A. Journey to the Summit of Mount Kenya. (Geogr. Journal, May 1900.)

in 3660 m Höhe auf eine ehemalige stärkere Vergletscherung hin. Außer zahlreichen Moränen, eratischen Blöcken und Rundhöckern weist der Berg eine größere Anzahl kleiner Hochseen glazialen Ursprungs auf. Von den Masai wird der Kenia Doenje Egere (= der gefleckte Berg) genannt. Er verdankt diesen Namen wohl dem Umstande, daß an vielen Stellen seiner steilen Spitze der Schnee nicht haften kann, und deshalb hier und da die Felsen als schwarze Flecken auf dem weißen Schneemantel erscheinen.

Nach Westen hin werden die Lavaebenen von Kapte und Leikipia schroff begrenzt von dem Großen ostafrikanischen Graben, jener ungeheueren meridionalen Bruchlinie, welche, wie Sueß[1]) so meisterhaft nachgewiesen, vom Toten Meere bis Ugogo durch fast 40 Breitengrade zu verfolgen ist. Den Ostafrikanischen Graben, der auch als „Erythräischer Graben" und als „Great Rift Valley"[2]) bezeichnet wird, vergleicht Gregory mit den tiefen Tälern im Coloradoplateau des westlichen Nordamerika. Die Wände dieses Riesengrabens sind bisweilen äußerst steil, bisweilen aber auch durch stufenförmige Bildungen oder sanftere Neigung zugänglicher. Auf der Sohle des Grabens begegnet man überall mehr oder weniger ausgeprägten Kratern, Resten denudierter Lavakegel, langen aufgewulsteten Bruchrändern, die quer durch das Tal laufen, und noch gut erhaltenen Lavaströmen. Einen weit größeren Raum als die Eruptivgesteine nehmen aber andere den Boden des Grabens bedeckende Bildungen ein, wie Sanddünen, Schuttkegel, alte Seeböden und dicke Lager von Kies, Ziegel- und Tonerde.

---

[1]) E. Suess: Beiträge zur geologischen Kenntnis des östlichen Afrika. Wien 1891.
— Das Antlitz der Erde. 3. Bd. Wien 1883—1901.
[2]) J. W. Gregory: The Great Rift Valley. London 1896.

In dem Ostafrikanischen Graben liegen zahlreiche größere und kleinere Seen, von denen auf britischem Gebiete der Naiwascha-, Baringo-, Rudolf- und Stefaniesee die bedeutendsten sind.

Der südlichste von diesen vier Seen ist der inselreiche, mit Papyrus umgürtete Naiwascha, dessen Name in der Masaisprache einfach „See" bedeutet. Er liegt unter $0^{\circ}\,45'$ südl. Breite und unter 36° östl. Länge in einer Höhe von 1860 m und ist 19 km lang und 14 km breit. Fische hat man bisher in dem Naiwascha nicht gefunden, doch beleben Wasservögel und Herden von Flußpferden den See und seine Ufer. Im Osten des Naiwascha ragt die Aberdarekette mit dem Kinangop, im Westen der steile Abfall des Mauplateaus und im Süden das Lonongotgebirge empor. Der See besitzt keinen Abfluß, scheint aber trotzdem süßes Wasser zu enthalten und ist von den einen als Abdämmungssee infolge vulkanischer Aufschüttungen, von den anderen als Kratersee aufgefaßt worden. Seine bedeutendsten Zuflüsse sind der Guaso Giligili und der Murundat, die von dem Hochlande von Leikipia kommen.

Im Norden vom Naiwascha liegen die kleineren Seen Nakuro, Elmetaita und Hannington, alle drei mit sehr salzigem, teilweise warmem Wasser von üblem Geschmack und schädlicher Wirkung. Im Gegensatze zu ihnen besitzt der noch weiter nördlich unter $9^{\circ}\,32'$ Nord und $35^{\circ}\,35'$ Ost gelegene Baringosee wieder süßes Wasser, obwohl er ebenso wie der Naiwascha als abflußlos gilt. Thomson, der den Baringo im Jahre 1883 entdeckte, schildert uns den Charakter dieses zwischen hohen Ufern eingesenkten, glänzenden, inselgeschmückten Sees mit begeisterten Worten:

„I have now looked" so schreibt er in seinem Werke „Through Masailand", „upon many striking and wonderful lake scenes in Africa. I have viewed Nyassa from the mountains to the north, Tanganyka from the south, the east, and the west, Lake Leopold from the Fipa Mountains. But not one of these spectacles approaches in beauty, grandeur and variety the landscape that now spread out before me on the edge of the Lykipia plateau. Imagine, if you can, a trough or depression 3300 feet above the sea level, and twenty miles broad, the mountains rising with very great abruptness on both sides to a height of 9000 feet. In the centre of this depression lies a dazzling expanse of water, glittering like a mirror in the fierce rays of a tropical sun. Almost in its centre rises a picturesque island, surrounded by four smaller islets — a group of nature's emeralds in a dazzling setting of burnished silver. Round the irregular-shaped Lake appears a strip of pale green, which indicates a marshy border, and in an outer circle extending up to the mountains, spreads a very dark green area which you know to be tabletopped acacia-trees. A remarkable assemblage of straight lines, wall-like extensions, and angular outlines produces an impressive and quite unique landscape. It speaks eloquently, however, of igneous disturbances; — for there you observe numerous earth movements, faults crossing each other at right angles, and other features, which are clearly not modelled by surface agents, all of them so recent in origin as remain comparatively untouched by the hand of time, which seems to abhor anything approaching a straight line."

Ohne Zweifel verdankt der Baringo seine Entstehung der Tätigkeit vulkanischer Kräfte. Die in ihm liegenden Inseln sind nach der Ansicht verschiedener Forscher als Teile zerstörter Krater zu betrachten. Der Baringo liegt 1120 m über dem Meeresspiegel. Er besitzt eine Länge von 30 km, eine Breite von

20 km und ist ungefähr 500 qkm groß (Bodensee = 538 qkm). An seinem Westufer ragen die Kepka-, an seinem Ostufer die Geleschaberge empor, während an seinem Nordende sich der Doenje Paka und der Doenje Orere erheben. Zahlreiche kleinere Flüsse, die teils auf dem Hochlande von Leikipia, teils in dem Ostafrikanischen Graben entspringen, führen ihr Wasser dem Baringosee zu.

Der Reisende, welcher vom Baringosee aus den Ostafrikanischen Graben weiter nach Norden hin verfolgt, trifft, nachdem er eine ausgedehnte Salzsteppe durchwandert hat, auf ein großes, abflußloses Becken von langgestreckter Form, das von den Eingeborenen Basso Narok (= dunkles Wasser), von den Europäern Rudolfsee genannt wird. Der Rudolfsee liegt ungefähr 480 m über dem Meere zwischen 2°16' und 4°17' Nord und unter 35°20' Ost. Er bedeckt eine Fläche von mindestens 9000 qkm und hat eine Tiefe von nur 1—8 m, doch ist es keineswegs ausgeschlossen, daß auch noch tiefere Stellen vorhanden sind. Im Süden umschließen ihn felsige, zum Teil steilwandige, vegetationsarme Ufer, die nach Norden hin flach, sandig und schilfig werden. Auf den Amerikaner Donaldson Smith machte der See den Eindruck eines sich in verhältnismäßig flacher Umgebung hinziehenden, öden Gewässers. Von Höhnel[1]) schildert den Rudolfsee als ein schönes, blaues Wasserbecken, das mit Ausnahme der Nordseite rings von Wüsten umgeben ist und dessen Wasser einen schwach salzigen Geschmack besitzt. Aus dem See ragen drei größere, kahle, mit alten Kratern bedeckte Inseln und die Eilande der kleinen Elmologruppe empor. Sein bedeutendster Zufluß ist der Nianam, in dem man jetzt den Unter-

---

[1]) L. von Höhnel: Zum Rudolfsee und Stefaniesee. Wien 1892.

lauf des in der südabessinischen Landschaft Kaffa entspringenden Omo (Oma)[1]) erkannt zu haben glaubt. Ein zweiter, dem See ebenfalls von Norden her zuströmender Fluß, der Maurizio Sacchi, endet nicht weit von dessen Nordrand in einem Sumpfe. Auch der von dem Ostabhange des Elgon kommende Turkwell erreicht trotz seiner ziemlich bedeutenden Wassermenge den Rudolfsee nicht, sondern versiegt, nachdem er unter etwa 3^0 Nord das kahle, graue Plateau im Westen durchbrochen hat.

Im Nordosten des Rudolfsees liegt in einer Höhe von ungefähr 1000 m der Basso Nabor oder Stefaniesee, ein nur bis 8 m tiefes, bei Dürre stark zusammenschrumpfendes, abflußloses Salzgewässer. Auf der West- und Ostseite wird der See, dessen Inseln zahllosen Wasservögeln als Nistplätze dienen, von hohen, schroffen Bergen eingerahmt. Von Norden her fließt ihm der ziemlich unbedeutende Galano Amara zu. Nach Nordosten hin reiht sich an den Stefaniesee eine Kette von kleineren Seen an, doch liegen dieselben nicht mehr auf britischem Gebiete.

Die Westwand des Ostafrikanischen Grabens wird von der Böschung des Mau-Kamasiaplateaus gebildet, aus der cyklopischen Erdwerken gleich unter einem spitzen Winkel zahlreiche Bergketten hervortreten. Zwei derselben, die Elgoje- und die Kamasiakette, ziehen sich, einander fast parallel laufend, im Westen des Baringosees hin. Das Elgojegebirge setzt sich nordwärts als Chibcharagnanikette fort, während sich an das Kamasiagebirge, dessen höchste Erhebungen der Doenje Kepkat und der Doenje Simo sind, die malerischen Sukberge anschließen. Das Mau-Kamasiaplateau selbst hat zweifellos in früherer Zeit mit den Lavaebenen

---

[1]) Vannutelli e. Citerni: Seconda spedizione Bottego, l'Omo. Mailand 1899.

von Kapte und Leikipia eine zusammenhängende Fläche gebildet. Es unterscheidet sich in Bezug auf seinen physiographischen Charakter nur sehr wenig von den Landschaften im Osten des Großen ostafrikanischen Grabens. Nach Westen hin dacht es sich allmählich zu der Niederung ab, deren tiefsten Teil der Victoria Nyanza einnimmt.

Der 68000 qkm große Ukerewe oder Victoria Nyanza ist infolge seiner Größe zweifellos der wichtigste unter den Nilseen, doch gehört nur der nördlich vom ersten Grad südl. Breite gelegene Teil dieses Sees zu Britisch-Ostafrika. Der Victoria Nyanza liegt 1190 m über dem Meeresspiegel. Seine Tiefe scheint sehr ungleich zu sein, denn während sich in ihm Stellen von 100 m Tiefe finden, sind andere Teile reich an seichten Bänken. Wahrscheinlich haben wir den Victoria Nyanza als einen großen Kesselbruch anzusehen, in dem sich zahlreiche Spalten kreuzen. In der Tat scheinen die von den übrigen zentralafrikanischen Seen abweichende Gestalt des Victoria Nyanza und seine stark gegliederten Ufer mit ihren tiefen, oft schmalen Buchten und Golfen auf eine derartige Entstehung hinzudeuten. Das Wasser des Sees ist süß und strömt beständig, von Süden nach Norden dem Ausflusse des Victoria-Nils zu. Häufig ziehen Stürme und Windhosen über den See hin und erzeugen hohen Wellenschlag und an den Ufern heftige Brandung. In früheren Zeiten scheint der See einen noch größeren Umfang besessen zu haben, vielleicht bildeten damals der Wemberegraben, ein sackartiger Seitenbruch des Großen ostafrikanischen Grabens, und der in ihm liegende Eyassisee Teile des Victoria Nyanza. Die Küsten des Sees sind überall gut gegliedert, und zahlreiche größere und kleinere Inseln verdecken oft die eigentlichen Ufer. Auf britischem Gebiete liegen die Ugowebai in der Landschaft Kavirondo, der

Napoleongolf mit der ihm vorgelagerten Insel Uvuma und die Murchisonbai. Der Emin Paschagolf, der tiefe und schmale Smithsund, der Spekegolf und der Baumanngolf im Süden und Südosten und die größte Insel des Sees, Ukerewe, gehören dagegen zu Deutsch-Ostafrika. In der nordwestlichen Ecke des Victoria Nyanza liegt der aus zahlreichen, vielgliedrigen Felseninseln bestehende englische Sessearchipel. An ihn reihen sich nach Nordosten hin noch eine große Zahl kleinerer und größerer Eilande an, die von dem Nordufer des Sees durch den Roseberykanal getrennt werden. Der Hauptzufluß des Victoriasees ist der Kagera[1]), oder wie ihn die Engländer nennen, Alexandra-Nil, der sich in drei Armen in den westlichen Teil des Sees ergießt, von dem aber nur das stark verschilfte Mündungsdelta auf englichem Boden liegt. Nächst dem Kagera sind die wasserreichsten Zuflüsse, die der Victoriasee aufnimmt, die aus dem Elgongebiet kommenden Flüsse, welche viel vulkanischen Schutt mit sich führen und zur Deltabildung neigen. Aus den deutschen Landschaften Uschaschi, Usukuma, Usindja und Ussuwi empfängt der See nur kleinere Zuflüsse, die ihm noch dazu nur periodisch ihr Wasser zuführen.

Im Norden des Victoria Nyanza liegt das englische Uganda Protectorate, das die Landschaften Ankole, Toru, Unjoro, Uganda, Usoga und Kavirondo umfaßt. Da jene Landstriche sich weniger hoch über den Meeresspiegel erheben wie die vulkanischen Gebiete im Osten, tragen sie einen ausgeprägteren tropischen Charakter als die Hochebenen zu beiden Seiten des Ostafrikanischen Grabens. Das Uganda Protectorate ist ein über 1000 m hohes, welliges, teils mit Gras, teils mit Wald bedecktes Land, dessen Talsenkungen

---

[1]) R. Fitzner: Der Kagera-Nil. Berlin 1899.

meist von Papyrussümpfen ausgefüllt werden. Recht anschaulich schildert uns Scott-Elliot[1]) die Gebiete im Norden des Victoriasees:

„The whole of Uganda, Usoga and much of Karagwe", sagt er in seinem Werk „A Naturalist in Mid Africa" „consists of an infinity of hills and ridges 4110 feet, on an average, above the sea. Their flat valleys are usually occupied by swamp rivers, often half a mile wide. These curve and twist about in an extraordinary fashion, and have numerous minor swamps connected with them. It is thus immediately obvious that railways are impossible, and roads extremely difficult. In a course of twenty miles we may have to cross eight swamps from quarter to three quarters of a mile wide, and mount and descend twelve hills each 300 feet high and also steep."

Im Osten und Norden des Protektorates ist der Steppencharakter vorherrschend, doch finden sich dort ebenso wie am Rande des Victoriasees dichte Urwälder mit hochstämmigen Rubiaceen, riesigen Mpaffubäumen (Canarium), rotblühenden Sapotaceen, Palmen, Farnen und Orchideen. Wild ist in dem ganzen Gebiet noch reichlich vorhanden. Die im Nordwesten des Victoria Nyanza, in einer Höhe von 1200—1300 m über dem Meer und 120—150 m über dem See gelegenen Landschaften Uganda und Unjoro weisen im großen und ganzen nur geringe landschaftliche Abwechselung auf. In Uganda erheben sich überall gerundete, wenig über 100 m hohe Hügel, zwischen denen sich seichte, meist sumpfige Täler ausdehnen, deren Boden mit einer tiefen Humusschicht bedeckt ist. Die Konturen der Berge sind oft so regelmäßig,

---

[1]) G. F. Scott-Elliot: A Naturalist in Mid-Africa. London 1896.

daß sie von Menschenhand gezogen zu sein scheinen. Lugard fiel es besonders auf, daß das Land trotz der ziemlich bedeutenden Niederschläge nur sehr wenig deutlich ausgeprägte, raschfließende Flüsse hat. In der Landschaft Unjoro treten an die Stelle der für Uganda charakteristischen, rundlichen, bewachsenen Hügel schärfer gezeichnete, oft phantastische Granitberge mit zahlreichen, vielfach recht geräumigen Höhlen.

Im Südwesten von Unjoro liegt zwischen dem Westufer des Victoria Nyanza und dem Albert-Edwardsee in einer Höhe von durchschnittlich 1400 m über dem Meeresspiegel die an kleinen Seen reiche Landschaft Nkole oder Ankole, an die sich weiter südlich das deutsche Karagwegebiet reiht. Im Osten der Landschaft Uganda, breiten sich, von ihr durch den Victoria- oder Sommerset-Nil getrennt, die Landschaften Usoga und Karirondo aus, die sich, was ihren geographischen Charakter angeht, nur sehr wenig von den Nachbargebieten unterscheiden. Eine Ausnahme macht in dieser Hinsicht nur der Teil Karirondos, den der mächtige Gebirgsstock des Elgon oder Masawa einnimmt.

Der Elgon besitzt eine Höhe von 4280 m und bildet die Wasserscheide zwischen dem Rudolf- und dem Victoriasee. Nach Hobley ist der höhlenreiche und teilweise gut bewaldete Berg ein Bau aus vulkanischer Asche und festem vulkanischem Gestein. Die zahlreichen vom Elgon kommenden Flüsse haben sich tief in dessen Flanken eingegraben. Einer derselben, der Shwam, entspringt im Krater des Berges selbst und hat durch den östlichen Kraterrand eine tiefe Schlucht gebrochen.

Naturgemäß liegen die wichtigsten Handelsplätze des Uganda-Protektorates am Victoria Nyanza selbst, oder doch nicht weit von dessen Ufern entfernt. Bisher waren Mumia und Mengo (Rubaga) die Haupthandelsplätze, doch macht ihnen Port Florence, die an der Ugowe- oder Kavirondobai gelegene Endstation der Ugandabahn, diesen Rang jetzt streitig. Sitz der Regierung ist das am Nordwestrande des Sees gelegene Entebbe oder Port Alice.

Der bedeutendste Fluß des Uganda-Protektorates ist der Sommerset- oder Victoria-Nil, wie der Weiße Nil von seinem Austritt aus dem Victoriasee bis zu seiner Einmündung in den Albert Nyanza heißt. Der Victoria- oder Sommerset-Nil, den die Eingeborenen Kivira nennen, verläßt den Victoriasee ungefähr in der Mitte des nördlichen Ufers und bildet nach seinem Austritt aus dem Napoleongolf die etwa 4 m hohen und 150 m breiten Riponfälle, die noch über 500 m höher über dem Meeresspiegel liegen als der Albertsee. Unterhalb der Riponfälle hat der Sommerset-Nil eine Breite von 640—900 m, doch lassen ihn Papyrus- und Schilfdickichte nur ungefähr 100—150 m breit erscheinen. Zur Hochwasserzeit setzt er das ganze umliegende Gebiet unter Wasser. Weiter nordwärts verbreitert sich der Fluß bald ganz bedeutend und bildet den 370 qkm großen Gita Nsige oder Ibrahimsee und bald darauf den 800 qkm großen Choga-, Kodja- oder Kiogasee, ein seichtes Wasserbecken von äußerst unregelmäßiger Gestalt, dessen zahlreiche Buchten und Golfe von teils sumpfigen, teils bewaldeten Ufern umsäumt werden. In den Kiogasee fließt ein östlich von ihm liegendes kleineres Becken ab, der Salisburysee, in den sich die von der Nordwestseite des Elgon kommenden Gewässer ergießen. Bald nachdem der Nil den Chogasee in fast westlicher Richtung verlassen hat, nimmt er bei Mruli von links den die Landschaft Unjoro entwässernden Kafu auf, durch den er nach Nordosten hin abgelenkt wird. Bei Fauera oder Foweira wendet er sich dann in einem scharfen Bogen nach Westen und behält diese Richtung bis zu seiner Einmündung in den Albertsee bei. Auf der etwa 125 km langen Strecke zwischen Foweira und dem Albert Nyanza fällt er noch um 300 m. Außer einer Anzahl kleinerer Stromschnellen bildet er auf dieser Strecke seines Laufes nicht weit von Foweira die 2 m hohen Karumaschnellen und später den 40 m hohen Murchisonfall. Ohne wahrnehmbare Stromgeschwindigkeit mündet er endlich 500 m breit bei Magungo in den Albertsee, der in dem sogenannten Großen zentralafrikanischen Graben liegt.

Der Zentralafrikanische Graben, die siebente der von uns unterschiedenen Landzonen Britisch-Ostafrikas, zieht sich ungefähr unter dem 30. Grad östlicher Länge von Greenwich hin und wird im Westen von den Hochebenen des Kongostaates, im Osten von dem Plateau von Unjoro und dem schneebedeckten Ruwenzori begrenzt. Als südliche Fortsetzung des Zentralafrikanischen Grabens haben wir den Tanganykasee, als nördliche Fortsetzung das Niltal anzusehen. Mit Stanley[1]) können wir uns diesen Riesengraben folgendermaßen entstanden denken:

„Time was when Ruwenzori did not exist. It was grassy upland, extending from Unyoro to the Balegga plateau" (das Land im Westen des Albert Nyanzas). In einer viel späteren Zeit erfolgte dann die Auftürmung des Ruwenzorigebirges: „Ruwenzori was raised to the clouds, and a yawning abyss 250 miles long and 30 miles broad lay southwest and northeast."

In dem Zentralafrikanischen Graben liegen mehrere größere und kleinere Seen, doch gehören von denselben nur der Albert Nyanza und teilweise auch der Albert-Edwardsee zu Britisch-Ostafrika.

Der in einer Höhe von ungefähr 900—950 m über dem Meeresspiegel gelegene Albert-Edwardsee oder

---

[1]) H. M. Stanley: In darkest Africa. London 1890.

Mwutan Nsige bedeckt eine Fläche von über 4000 qkm und wird von drei größeren Flüssen, dem Rutschuru, dem Rende und dem Rufue gespeist. Nach Scott-Elliot[1]) entspringt der Rufue in der Nähe des Kagera und durchbricht, bevor er sich in den See ergießt, den Ostrand des Zentralafrikanischen Grabens. Der Albert-Edwardsee besitzt eine eigentümliche Gestalt. An das Hauptbecken schließt sich ein zweites, viel kleineres Becken an, der Ruisambagolf, welcher mehrere aus dem Inneren Unjoros kommende Flüsse aufnimmt. Im Süden des Sees zieht sich quer über die Sohle des Zentralafrikanischen Grabens eine Reihe von 3000 bis 4000 m hohen Vulkanen hin, welche die Wasserscheide zwischen Kongo und Nil bilden. Die höchsten Gipfel dieser Gruppe sind der Mfumbiro, der Namlagira-tscha-Gongo und der 3475 m hohe Kirunga oder Virunga-tscha-Gongo, der von Graf Götzen[2]), dem früheren Gouverneur von Deutsch-Ostafrika, erstiegen wurde. Nach Norden hin steht der Albert-Edwardsee durch den Semliki, den man als den westlichen, wasserärmeren Quellfluß des Weißen Nils bezeichnen kann, mit dem Albertsee in Verbindung.

Nördlich von dem Albert-Edward Nyanza zwischen dem Semliki und dem Ruisambagolf erheben sich die gewaltigen Massen des Runsoro oder Ruwenzori, jenes Gebirges, das auf den Karten der Geographen des Altertums den Namen Montes Lunae oder Mons Lunae trägt und von den arabischen Kompilatoren von Reisebeschreibungen Djebel Kumr, Gumr oder Kammar (Mondgebirge) genannt wurde. Nach Stuhlmann[3]) besteht der Ruwenzori aus einer Reihe von Gipfeln, die sich auf einem

---

[1]) G. F. Scott-Elliot: A Naturalist in Mid-Africa. London 1896.
[2]) A. Graf von Götzen: Durch Afrika von Ost nach West. 2. Auflage. Berlin 1899.
[3]) F. Stuhlmann: Mit Emin Pascha ins Herz von Afrika. Berlin 1894.

gemeinsamen Unterbaue erheben. Nach Westen zum Semlikital fällt das Gebirge steil ab, während nach Osten hin zahlreiche Ausläufer vorspringen. Von Süden gesehen, gleicht der Gebirgsstock des Ruwenzori einer Mauer mit zahlreichen Zinnen. Die Hauptmasse des Berges scheint teils aus kristallinischen Schiefern, teils aus älteren vulkanischen Gesteinen zu bestehen. Aus der Mitte des Gebirgsstockes brechen nach allen Seiten Flüsse hervor, die zum Teil ihr Wasser dem Semliki zuführen. Im Mai 1888 wurde der Ruwenzori von Stanley entdeckt und später von Scott-Elliot, Stuhlmann, Lugard und anderen näher erforscht. In neuerer Zeit hat sich Luigi, Herzog der Abruzzen[1]), große Verdienste um die Erforschung dieses Gebirges erworben und durch seine denkwürdige Expedition die vielfach recht ungenauen und sich widersprechenden Angaben älterer Forscher ergänzt und berichtigt.

Am 14. Mai 1906 verließ der Herzog der Abruzzen, der sich bereits durch die Besteigung des Mt. Elias (1897) und durch die „Stella Polare"-Expedition (1899 bis 1900) einen Namen gemacht hatte, an der Spitze einer Karawane Entebbe, die Hauptstadt von Uganda. In vierzehn Tagen legte er den etwa 300 km betragenden Weg von Entebbe bis Fort Portal zurück. Drei Tage später erreichte die Expedition Honda am Fuße des Ruwenzorigebirges. Von dort aus folgte die Karawane zunächst dem Tale des Mukubu, überschritt dann mehrere Bergströme und gelangte schließlich nach Bojongolo, das 1200 m über dem Meeresspiegel liegt. Infolge der wachsenden Geländeschwierigkeiten ließ

---

[1]) **Duke of the Abruzzi**: The Snows of the Nile. Being an Account of the Exploration of the Peaks, Passes and. Glaciers of Ruwenzori. (Geogr. Journal, February 1907.)

L. A. von Savoyen, Herzog der Abruzzen: Der Ruwenzori. Erforschung und erste Ersteigung seiner höchsten Gipfel. Herausgegeben von Dr. F. De Filippi. Leipzig 1909.

man hier einen Teil der Träger zurück, während die übrigen Teilnehmer der Expedition über Speeke nach Busonsolo marschierten. Von diesem ungefähr 3000 m über der See gelegenen Dorfe aus durchforschte der Herzog mit zwei piemontesischen Bergführern die Bergkette und ihre einzelnen Gruppen. Auf dem Weitermarsche erreichte man in einer Höhe von 3798 m im oberen Tale des Mukubu einen Punkt, von dem aus der Angriff auf das eigentliche Hochgebirge unternommen werden konnte. Von den eingeborenen Trägern, die barfuß, wie sie waren, sich nur sehr schwer auf dem Gletschereis und dem scharfen Steingeröll fortbewegen konnten, blieb einer nach dem anderen zurück, und in einer Höhe von 4300 m bestand die Begleitung des Herzogs nur noch aus drei Personen. Am Morgen des 10. Juni sah man deutlich vier verschiedene Schneeberge vor sich, von denen an demselben Tage noch der am nächsten gelegene erstiegen wurde. Von Nebel und Regen überrascht, mußten der Herzog und seine Gefährten in der Nähe dieses Gipfels drei Tage an einer sehr unbequemen Lagerstelle zwischen den Felsen zubringen. In der Nacht auf den 15. Juni vertrieb jedoch der Ostwind den Nebel, und die Expedition setzte daher sogleich ihren Marsch fort. Nachdem man an zwei kleinen Seen vorbeigekommen war, wurde abends in einer Höhe von 4500 m angesichts des höchsten, bisher noch von keinem Europäer erstiegenen Gipfels das Lager aufgeschlagen. Nach viertägiger Ruhe teilte sich die Gesellschaft in zwei Gruppen, die sich alsbald zum Angriff auf die höchsten Bergspitzen anschickten. In der Zeit vom 18. Juni bis zum 15. Juli wurden diese nach einander erstiegen und mit aller Gründlichkeit erforscht. Die Ersteigung derselben bot alle Schwierigkeiten der Hochalpentouren. Bald waren es Schnee, Nebel und Eis, bald schroffe Abhänge, die das Vorankommen erschweren. Um die beiden Hauptgipfel zu erreichen, mußte man mehrere Stunden lang mit Händen und Füßen an den steilen Bergwänden emporklettern. Die höchste Spitze benannte der Herzog nach der Königin-Mutter Margherita von Italien, den zweithöchsten Gipfel nach der Königin Alexandra von England. Es wurde festgestellt, daß diese beiden, meist umwölkten Bergspitzen 5125 m und 5105 m über der See liegen, woraus ersichtlich, daß bisher die Höhe derselben vielfach überschätzt worden ist. Auf dem Rückmarsche traf der Herzog in Fort Portal mit dem englischen Reisenden Johnston zusammen und vereinbarte mit ihm die Benennung der verschiedenen Berge und Gipfel in folgender Weise: Stanleyberg mit den Gipfeln Margherita, Alexandra, Elena und Savoia; Gessyberg mit den Gipfeln Jolanda und Bottego; Eminberg mit der Spitze Umberto; Beckerberg mit der Spitze Edward und Moorberg mit dem Gipfel Cagni. Die Höhe dieser Gipfel beträgt, wenn wir von den beiden höchsten absehen, 4600—4900 m. Bemerkt sei noch, daß der Herzog in Übereinstimmung mit anderen Forschern den vulkanischen Ursprung des Ruwenzori für ausgeschlossen hält.

Im Norden des Ruwenzorigebirges dehnt sich eine weite Alluvialebene aus, die der Semliki in vielen Krümmungen durchfließt, bevor er sich in den noch 680 m über dem Meeresspiegel liegenden Albert Nyanza ergießt.

Der Albertsee[1]) ist ungefähr 4500 qkm groß, 150 km lang und durchschnittlich 30 km breit. Im Westen wird er von hohen Plateaurändern eingerahmt, über welche sich im Hintergrunde nach Emin Pascha, Junker und Gordon benannte Gebirgsmassen erheben. Das östliche Ufer des Sees ist anfangs flach und sandig,

---

[1]) S. W. Baker: The Albert Nyanza. London 1866.

steigt dann aber nach Junker steil zu einem Plateau empor, dessen Ränder von zahlreichen kleineren Wasserläufen durchbrochen werden. Außer diesen Bächen nimmt der Albertsee noch eine Reihe von größeren, sich zum Teil in mächtigen Fällen in ihn hinabstürzenden Zuflüssen auf, wie den Msisisi, der den 46 m hohen Numbafall bildet, und den Hoima mit dem angeblich 300 m hohen Wahambafall.

Der Hauptzufluß des Albert Nyanza aber ist der Victoria- oder Sommerset-Nil, der sich in eine nördliche Ausbuchtung des Sees ergießt und sich also hier mit dem Semliki vereinigt. Nur durch eine kurze Uferstrecke von der Mündung seines östlichen Quellflusses getrennt, verläßt nun der Weiße Nil oder Bahr-el-Dschebel, wie er anfangs heißt, den Albertsee. Berechtigt ist wohl die Annahme, daß dies die ursprüngliche Anordnung der Flüsse und Seen nicht gewesen ist, daß vielmehr vor der Durchbrechung der Felsenriegel zwischen dem Victoria- und dem Albertsee sich nur ein unbedeutender Fluß in den Albertsee ergoß, der später vielleicht durch rückgreifende Erosion sein Bett mächtig erweiterte und dann dem Albert Nyanza immer größere Wassermassen zuführte. Nach seinem Austritt aus dem Albertsee erreicht der Bahr-el-Dschebel eine Breite von 1500 m. Seine Tiefe ist anfangs ziemlich gering, doch können ihn immerhin flachgehende Dampfer befahren. Vom Albert Nyanza bis Lado fällt der Bahr-el-Djebel auf eine Strecke von 370 km um 235 m. Bald nach seinem Ausflusse aus dem See fließt er an dem durch Emin Pascha berühmten Wadelai vorbei und passiert weiter nordwärts Dufile. Unterhalb dieses Platzes verläßt er die letzten Ausläufer des Ostafrikanischen Tafellandes und erreicht, nachdem er zwischen Dufile und Redjaf eine Reihe von Stromschnellen gebildet hat, bei Lado (5° 2′ N, 31° 50′ E) die weite Ebene des östlichen Sudans.

Vom Albertsee bis Lado wird das Tal des Bahr-el-Djebel im Westen von einem Plateau begrenzt, dessen nordwestliche Fortsetzung die Wasserscheide zwischen Kongo und Nil bildet. Nur einzelne höhere Bergkuppen überragen den östlichen, sich am Nil hinziehenden Teil dieser Hochebene. Ostwärts von Dufile und Lado erhebt sich das Latukagebirge, das nach Emin Pascha[1]) aus Granitgneis und Quarz besteht, und dessen höchste Gipfel eine Höhe von ungefähr 3000 m besitzen. Das Latukagebirge bildet die Wasserscheide zwischen dem Nil und den Gewässern, die das noch ziemlich unbekannte Land östlich von diesem Gebirge durchziehen.

In großen Zügen ist dies die physikalische Beschaffenheit Britisch-Ostafrikas, eines an Gegensätzen reichen Landes, in dem es dürre Steppen und fruchtbare Ebenen, mit Eis und Schnee bedeckte Bergriesen und Vulkane, Süßwasserseen und Salzseen, weite Hochflächen und tiefe, breite Spaltentäler gibt. Allein gerade die Tatsache, daß die einzelnen Teile dieses Schutzgebietes einen durchaus verschiedenen Charakter tragen, verdient beachtet zu werden, denn mit Recht sagt Gregory[2]): „The essential fact in the economic Geographie of British East Africa is its remarquable diversity".

---

[1]) G. Schweinfurth u. F. Ratzel: Emin Pascha. Eine Sammlung von Reisebriefen und Berichten. Leipzig 1888.

[2]) J. W. Gregory: The Foundation of British East Africa. London 1901.

III. Klima.

Das Britisch-Ostafrikanische Schutzgebiet ist zu ausgedehnt, und die einzelnen Teile desselben weisen, wie wir gesehen haben, eine zu verschiedenartige physiographische Beschaffenheit auf, als daß man seine klimatischen Verhältnisse mit wenigen Sätzen charakterisieren könnte.

Das Klima der der Küste benachbarten Landstriche steht unter dem Einfluß der Monsunwinde. Im Winter der Nordhemisphäre weht hier bis gegen Mozambique hinab der Nordostmonsun. Im Sommer der Nordhemisphäre herrscht nördlich vom Äquator der Südwestmonsun, während südlich vom Monsungebiet der Passat der südlichen Halbkugel weht, der auch weite Strecken des Inneren während eines großen Teiles des Jahres bestreicht. Der Südwestmonsun setzt ungefähr Ende März ein und wird im Juli oder August schwächer, um dann wieder bis zum Oktober an Stärke zuzunehmen. Im Oktober verflaut er allmählich, und es treten in diesem und dem folgenden Monat an der ostafrikanischen Küste Windstillen ein, die dem Wiederbeginn des Nordostmonsuns vorausgehen. Die Schiffe, vor allem die Segelschiffe, haben natürlich mit diesen Verhältnissen zu rechnen. Die Übergangsmonate mit ihren öfters wechselnden Winden sind die Zeit der „zwei Segel", der kleinen Schiffahrt, in der man eine kürzere Reise machen und nach Umschlag des Windes bald zurückkehren kann, während die Zeit der unumschränkten Herrschaft eines der beiden Monsune mehr für Seereisen von längerer Dauer geeignet ist.

Was die Gebiete im Inneren angeht, so sind wir am besten über die Windverhältnisse von Lado (5°2′ N, 31°50′ E) orientiert. Die relative Häufigkeit der acht Hauptwindrichtungen beträgt daselbst:

	N	NE	E	SE	S	SW	W	NW	Stillen
April—Sept.	0	1	4	14	18	14	10	2	37
Okt.—März	9	14	13	11	8	5	3	4	33

Es herrschen also in Lado während der nördlichen Deklination der Sonne südliche Winde vor, während der südlichen nordöstliche Winde.

Die Gesundheitsverhältnisse Ostafrikas werden durch die Winde merklich beeinflußt. Häufig tragen dieselben Fieberkeime in Höhen hinauf, die man für vollständig fieberfrei halten möchte. Mit dem Windwechsel ist oft eine deutlich wahrnehmbare Veränderung der Gesundheitsverhältnisse verbunden.

Eine Vorbedingung für die richtige Beurteilung der Windverhältnisse Ostafrikas wäre die Kenntnis der Luftdruckverteilung. Was Britisch-Ostafrika angeht, so liegen aus diesem Schutzgebiet nur einige diesbezügliche Angaben aus der Hauptstadt Mombasa ($4^0\ 4'$ S, $39^0\ 42'$ E) vor, und zwar betrug dort der mittlere Barometerstand (im Meeresniveau mit Schwerekorrektion) in einem Zeitraum von drei Jahren:

Januar	757,2 mm
Februar	758,1 mm
März	757,5 mm
April	748,4 mm
Mai	760,2 mm
Juni	761,9 mm
Juli	762,2 mm
August	762,1 mm
September	761,4 mm
Oktober	760,0 mm
November	759,4 mm
Dezember	758,2 mm
Jahr	759,7 mm

Besser als über die Winde und den Luftdruck sind wir über die Regenverhältnisse orientiert. In Ostafrika wandern die Regenzeiten ziemlich genau mit der Sonne. Im Süden ist natürlich der Südsommer (= Nordwinter) die Hauptregenzeit, in der Gegend des Äquators haben wir zwei Regenzeiten etwas nach der Zeit der Äquinoktien, und weiter nördlich fällt die Regenzeit in den Nordsommer.

An der Küste Britisch-Ostafrikas nehmen die Niederschlagsmengen von Norden nach Süden langsam zu; Kismayu hat 373 mm, Lamu 769 nm, Malindi 916 mm, Takaungu 1157 mm und Mombasa 1319 mm. Das Maximum fällt fast durchweg in den Mai, das Minimum in den Winter der Nordhemisphäre. Die im Westen der Küstenregion sich ausbreitende Nyikasteppe ist ein regenarmes Gebiet, das kaum während dreier Monate (März bis Mai) geringe Niederschläge hat. Thomson[1]) schätzt die jährliche Regenmenge der Nyika auf 380 mm. Nach den Hochebenen des Masailandes hin nehmen die Niederschläge wieder zu. Die im Norden des Kilimandscharo in der Landschaft Kikumbuliu gelegene englische Missionsstation Kibwezi hat 774 mm, Fort Maschakos auf der Hochebene von Kapte 910 mm und Fort Smith im Südwesten des Kenia 1407 mm. Eine ausgeprägte Trockenzeit ist in dieser Gegend nicht vorhanden. Die weiter nördlich, nach dem Rudolfsee zu liegenden Gebiete scheinen dagegen mit Ausnahme der höheren Gebirge wieder sehr trocken zu sein, wie aus den Berichten von Höhnels[2]) und späterer Reisenden hervorgeht. Am günstigsten stehen natürlich in Bezug auf die Niederschläge diejenigen Gebiete da, in denen es zwei möglichst lang dauernde Regenzeiten gibt, und die auch in den

---

[1]) J. Thomson: Through Masailand. London 1886.
[2]) L. von Höhnel: Zum Rudolfsee und Stefaniesee. Wien 1892.

Zwischenmonaten keine völlig regenlose Periode besitzen. Dies ist bei Uganda der Fall, wo die Hauptregenzeiten in die Monate März bis Mai und September bis November fallen. Die günstige Verteilung des Regens in Uganda, wo kein Monat regenlos ist, wenn auch die Gesamtregenmenge nicht übermäßig hoch ist, hob schon Grant rühmend hervor. Mit Recht wies später Junker darauf hin, daß hierdurch sich Uganda vorteilhaft von den Gebieten im Süden des Victoriasees unterscheide, wo die Trockenzeiten schon viel merklicher hervortreten. Das im Nordosten des Victoria Nyanza gelegene Kavirondo ist nach Hobley ebenfalls weit trockener als Uganda, obgleich die Trockenzeit hier nur vom Dezember bis zum März dauert. Merkwürdig regenarm scheint ein Teil des Ostufers des Victoriasees zu sein. Im oberen Niltal nimmt nach E. de Martonne die Regenmenge vom Rande der großen südwestlichen Waldzone nach Nordosten hin ab, doch bilden natürlich die höheren Teile des Landes, wie das Latukahochland südöstlich von Lado, eine Ausnahme. Wadelai hat 1073 mm, Lado 949 mm jährliche Niederschläge, was man gewiß nicht als außerordentlich hoch bezeichnen kann. In Lado umfaßt die Regenzeit die Monate April bis Oktober. In der Regenzeit treten am oberen Nil schwere, zuweilen mit Hagelschlag verbundene Gewitter auf.

Die monatlichen Niederschlagsmengen an verschiedenen Orten Britisch-Ostafrikas sind in der folgenden Tabelle, deren Daten Hanns „Handbuch der Klimatologie"[1] entnommen sind, übersichtlich zusammengestellt:

---

[1] J. Hann: Handbuch der Klimatologie. 3 Bde. Stuttgart 1897.

Ort	Lamu	Malindi	Mombasa	Lado	Mengo	Ft. Smith	Ft. Machakos	Kibwezi
Breite	2°16′ S	3°5′ S	4°4′ S	5°2′ N	0°20′ N	1°14′ S	1°31′ S	2°25′ S
Länge (E.)	40°57′	40°10′	49°42′	31°50′	32°35′	36°44′	37°18′	37°55′
Höhe	—	—	—	465	1300	1950	1650	920
Jahre	3—5	5	12	1½	7	3	2	3
Januar	3	9	29	0	60	14	8	10
Februar	26	4	22	0	111	97	32	35
März	43	26	66	27	114	249	128	121
April	134	169	168	135	195	331	200	95
Mai	357	318	324	87	135	198	35	15
Juni	92	112	109	151	76	63	12	0
Juli	29	68	88	218	81	26	2	0
August	17	29	66	129	73	21	2	0
Sept.	18	25	66	123	99	62	0	2
Okt.	16	65	87	57	133	30	34	2
Nov.	18	77	132	20	99	149	315	348
Dez.	16	46	43	2	34	167	133	146
Jahr	769	948	1218	949	1210	1407	901	774

In dem „Handbook for East Africa, Uganda and Zanzibar 1906"[1]) finden sich folgende Angaben über die in der Zeit von 1896—1904 an verschiedenen Plätzen des British East Africa Protectorate gefallenen jährlichen Regenmengen:

Ort	1896	1897	1898	1899	1900	1901	1902	1903	1904
Kismayu	495	507	277	315	327	430	521	170	311
Malindi	—	—	367	848	941	946	1203	590	1519
Takaungu	—	—	—	842	1476	1205	1179	681	1561
Mombasa	—	—	—	893	1566	1477	1605	860	1518
Shimoni	—	1442	693	1334	1520	1856	1411	1080	1645
Mwatate	—	—	—	—	—	—	—	501	651
Machakos	—	—	617	543	1481	1004	1085	911	728
Nairobi	—	—	—	—	1077	986	867	1083	691
Fort Hall	—	—	—	—	—	1144	1209	1317	1230
Eldama Ravine	—	—	—	—	—	—	—	1143	778
Kisumu	—	—	—	—	—	—	—	1513	1090
Mumias	—	—	—	—	1887	1481	1894	2319	1747

[1]) Handbook for East Africa, Uganda and Zanzibar 1906.

Eine zweite Tabelle dieses Handbuches gibt uns Aufschluß über die Zeitdauer der angestellten Beobachtungen, über die mittleren jährlichen Regenmengen und über Maxima und Minima der an den einzelnen Orten gefallenen Niederschläge:

Ort	Zeit	Jährl. Regenmenge	Maximum mm	Maximum Jahr	Minimum mm	Minimum Jahr
Kismayu	9 Jahre	373	521	1902	170	1903
Malindi	7 Jahre	916	1519	1904	367	1898
Takaungu	6 Jahre	1157	1561	1904	681	1903
Mombasa	6 Jahre	1319	1605	1902	860	1903
Shimoni	8 Jahre	1373	1856	1901	693	1898
Mwatate	2 Jahre	576	651	1904	501	1903
Machakos	7 Jahre	910	1481	1900	543	1899
Nairobi	5 Jahre	941	1083	1903	691	1904
Fort Hall	4 Jahre	1225	1317	1903	1144	1901
Eldama Ravine	2 Jahre	961	1143	1903	778	1904
Kisumu	2 Jahre	1302	1513	1903	1090	1904
Mumias	5 Jahre	1866	2319	1903	1481	1901

Wenn wir die Wärmeverhältnisse des äquatorialen Ostafrika betrachten, so finden wir, daß die Gebiete an der Nord- und Südgrenze der Tropenzone die höchsten Temperaturen aufweisen. Zwischen dem Äquator und etwa 4° südlicher Breite, also in dem ganzen südlichen Teile Britisch-Ostafrikas, geht das Jahresmittel dagegen kaum über 26,5° hinaus. Nördlich und südlich von diesem Streifen sind die Jahresmittel bedeutend höher, etwa 28—29°. Nach dem Kongostaat zu nimmt die mittlere Temperatur ab. An der Küste Britisch-Ostafrikas beträgt die Wärme 25—26° im Jahresmittel, 27—28° im wärmsten Monat (März) und 23—24° im kältesten Monat (Juli). Im Inneren fällt dem Reisenden besonders der starke Kontrast zwischen der Tages- und der Nachtemperatur auf.

Selbst in Uganda fand Emin Pascha[1]) die Augustnächte „furchtbar kalt", d. h. mit einem für Innerafrika freilich sehr niedrigen Morgenminimum von 10°. Überhaupt haben sowohl Eingeborene als auch Europäer weit mehr unter den kalten Nächten und den dichten, erstarrenden Morgennebeln zu leiden als unter der Tageshitze. Am Rudolfsee beobachtete von Höhnel[2]) Tagestemperaturen von 39°, während die Nächte empfindlich kalt waren, und in dem halbwegs zwischen dem Kenia und dem Kilimandscharo liegenden Kibwezi beträgt nach Hann in der Trockenzeit die tägliche Schwankung 17,1°, das mittlere Maximum 30,5°, das mittlere Minimum 13,4°, das absolute 9,8°. Wahrscheinlich kommen in jenen Gebieten aber noch extremere Temperaturen vor.

Die Ergebnisse der bisher in Britisch-Ostafrika angestellten Temperaturbeobachtungen sind in der folgenden Tabelle zusammengestellt:

Ort	Breite	Länge E.	Höhe	Jahr	Wärmster Monat		Kühlster Monat		Diff.
Malindi	3°13' S	40° 7'	—	25,7°	27,4°	März	23,9°	Juli	3,5°
Ribe	3°55' S	39°40'	150 m	25,5°	27,8°	März	22,9°	Juli	4,9°
Mombasa	4°4' S	39°42'	—	25,5°	27,2°	März	24,1°	Juli	3,1°
Lado	5°2' N	31°50'	465 m	27,0°	30,0°	März	25,2°	Aug.	4,8°
Rubaga	0°20' N	32°35'	1300 m	21,4°	21,9°	März	20,3°	Aug.	1,6°
Ft. Smith	1°14' S	36°44'	1950 m	16,5°	18,2°	März	14,7°	Juli	3,5°
Ft. Machakos	1°31' S	37°18'	1650 m	18,0°	19,8°	Febr. Okt.	15,0°	Juli	4,8°

[1]) G. Schweinfurth u. F. Ratzel: Emin Pascha. Eine Sammlung von Reisebriefen und Berichten. Leipzig 1888.
[2]) L. von Höhnel: Zum Rudolfssee und Stefaniesee. Wien 1892.

IV. Bevölkerung.

Britisch-Ostafrika wird von zahlreichen, verschiedenen Rassen angehörenden Völkerschaften bewohnt. Den Südosten des Schutzgebietes nehmen Bantustämme ein, also Völkerschaften, die man zu demjenigen Zweige der Negerrasse rechnet, welcher südlich von der Linie Kamerunbucht—Jubamündung ansässig ist. Im Westen schließen sich an die Bantustämme die Masai an, ein Mischvolk zwischen Negern und hamito-semitischen Gruppen. Die westlichen Nachbarn der Masai sind die Waganda, die das Land im Nordwesten des Victoria Nyanza bewohnen. Die Bevölkerung der nördlichen Distrikte besteht größtenteils aus Somal- und Gallastämmen, die wir wie die Masai als Mischvölker zwischen Negern und Hamito-Semiten anzusehen haben. Außerdem zählen zu den Bewohnern des britischen Schutzgebietes noch verschiedene jener im Süden an die Waganda und im Osten an die Galla stoßenden Misch- und Übergangsvölker, die man gewöhnlich unter dem Namen der Obernilstämme zusammenfaßt.

Ein typischer Bantustamm Britisch-Ostafrikas sind die Wanika (= Leute der Wildnis), die den östlichen Teil der Nyika bewohnen, und deren Gebiet im Süden an das der Wasambara und im Norden an das der Somal und Galla grenzt. Nach Thomson[1]) sind die Wanika mittelgroße, magere Leute, denen man die fortwährenden Kämpfe ansieht, die sie um ihr Dasein mit Natur und Menschen zu führen haben. Ihre Farbe ist schokoladenbraun, selten schwarz, ihre Haut weich. Nase, Lippen und Kinnladen sind negerartig, das Auge wild, der Blick stierend. Das Haar wächst lang und

---

[1]) J. Thomson: Through Masailand. London 1886.

straff und hängt, über der Stirn von Ohr zu Ohr wegrasiert, in sehr dünnen Strähnen herab. Die Bekleidung der Männer besteht nur in einem Lendentuche, während die Frauen eine Art Hochländerrock tragen. Beide Geschlechter schmücken sich mit Ohr-, Arm- und Beinringen, die Weiber umwinden Hals und Arme außerdem noch mit losen Perlensträngen. Als Waffe dient den Männern außer Pfeil und Bogen ein spatelförmiges Schwert, das Simeh. Die Wanika wohnen bereits in den Arabern abgesehenen Giebelhütten, während die Behausungen der meisten anderen Bantustämme noch eine kegelartige Form haben und, aus der Ferne gesehen, kleinen Heuhaufen gleichen. Unter dem Einfluß der kriegerischen Nachbarschaft der Masai und Wakuafi sind die Wanika zu friedlichen, fleißigen Ackerbauern geworden, die ihre Sorghumfelder mit großer Umsicht bestellen.

Ein echter Bantustamm sind ferner die Wakamba (= Reisende, Wanderer), die ebenso wie die Wanika viel Ähnlichkeit mit den Wasagara und Wasambara Deutsch-Ostafrikas haben. Ihre Wohnsitze liegen westlich von denen der Wanika zwischen $1^{1}/_{2}^{0}$ und 3^{0} S., reichen also im Süden ungefähr bis an den Sabaki. Nach Osten hin haben sie sich stellenweise weit in das Gebiet der Wanika eingeschoben. Zwischen sie, die Wanika und die Wapokomo einerseits, und die Wahumastaaten am Ukerewe anderseits, haben sich im Westen von ihnen die nomadischen Horden der Masai und Wakuafi gedrängt.

Die Wakamba sind schöne, kräftige Menschen mit schwärzlicher Haut, etwas dicken Lippen und schwachem Bartwuchs. Ihre einzige Bekleidung besteht in einem Lendenschurze. Den Körper beschmieren sie mit Fett und Rötel. Um den Hals, die Lenden und die Fußknöchel tragen sie kupferne Ketten oder Schnüre von verschiedenfarbigen Glasperlen. Die

Wakamba leben in Polygamie. Die Frauen besorgen nicht nur die häuslichen Geschäfte, sondern bestellen auch die oft künstlich bewässerten Felder. In allem, was ruhige, stetige Arbeit erfordert, sind die Wakamba ihren unruhigen westlichen Nachbarn, den Masai, überlegen. Nach Gregory[1]) sind sie die tapfersten, unternehmungslustigsten und intelligentesten von allen Bantunegern des englischen Schutzgebietes.

Nordöstlich von den Wakamba in dem Gebiete längs des Tanaflusses wohnen die Wapokomo, ebenfalls ein Bantustamm. Die Wapokomo sind kräftige, schön gewachsene, große Menschen. Ihre Hautfarbe ist schokoladenbraun mit einem Stich ins Kupferfarbene. Die Kleidung besteht sowohl bei den Männern als auch bei den Frauen aus einem rohen, um die Hüften geschlungenen Baumwollgewebe, das bis zu den Knieen herabfällt. Beide Geschlechter tätowieren sich. Als Schmuck dienen Glasperlen, Eisen- und Messingketten. Die Frauen legen oft schwere Halsreifen von Messingdraht an. Die Hauptwaffe der Wapokomo ist ein ungefähr 3 m langer Speer, der allerdings in den Händen dieses feigen Volkes ebenso wenig furchtbar ist wie der Bogen mit vergifteten Pfeilen, den sie von einem Nachbarstamme eintauschen. Im übrigen sind die Wapokomo ein arbeitsames, friedliches und nach afrikanischen Begriffen sittenreines Volk, das Ackerbau, Fischerei und Schiffahrt treibt.

Eine vierte, zu den Bantustämmen Britisch-Ostafrikas zu zählende Völkerschaft sind die Wataita, die das im Südwesten der Nyika gelegene Hochland von Taita bewohnen. Die Männer dieses Stammes sind von geringerer als Durchschnittsgröße, mager und unansehnlich, wenn auch zähe und großen Anstrengungen

---

[1]) J. W. Gregory: The Foundation of British East Africa. London 1901.

gewachsen. Die Weiber weisen dagegen einen gut entwickelten Gliederbau auf. Die Bekleidung der Männer besteht nur in einem dürftigen, um die Hüften oder um die Schultern geschlagenen Tuche. Die Frauen tragen eine Lendenschürze, die mit Perlen besetzt ist. Die Wataita beschmieren ihren Körper mit Öl und Ruß zum Schutze gegen die Hitze des Tages und die oft noch empfindlichere Kühle der Nacht. Als Waffe dienen ihnen Messer, lange, spatelartige Schwerter, Bogen und Pfeile, die alle gewöhnlich recht schlecht gearbeitet sind und dadurch beweisen, daß die Wataita nur geringen Wert auf ihre Rüstung legen. Immerhin vermögen sie mit diesen Waffen einen Angriff der an die Ebene gewöhnten, mit einem schweren Speere ausgerüsteten Masai erfolgreich abzuschlagen. Das Kopfhaar wird bei den Wataita ringsum wegrasiert und nur ein kreisrunder Fleck von 7—10 cm Durchmesser stehen gelassen. Kopf, Hals und Arme bedecken besonders die Frauen mit einer Unmasse von Perlensträngen, sodaß manche von ihnen ein Gewicht von 10—15 kg am Körper tragen. Die Augenwimpern werden sorgfältig entfernt, die Zähne spitz gefeilt. Die Hütten der Wataita, in denen Tag und Nacht ein Feuer unterhalten wird, haben die Form von Bienenkörben. Die Wataita sind sehr sorgfältige Ackerbauer, die jeden zugänglichen Fleck der zerrissenen Berglehnen ihres Landes mit Bananen und Zuckerrohr bepflanzen. Überall trifft man in dem von ihnen bewohnten Gebiete auf künstliche Kanäle, durch die sie das Wasser an weniger begünstigte Stellen des Bodens leiten. Die Bestellung der Felder ist Aufgabe der Weiber.

Gleichfalls ein echter, früher als sehr kriegerisch geltender Bantustamm sind die südlich und südöstlich vom Kenia ansässigen Wakikuyu. Diese haben mancherlei Sitten der Masai angenommen, doch unterscheiden sie sich von ihnen besonders dadurch, daß sie sehr erwerbssüchtig sind und an den Grenzen ihres Landes lebhaften Handel mit den vorbeiziehenden Karawanen treiben. Macdonald nennt die Wakikuyu reizbar, verräterisch und trunksüchtig. Ihre religiösen Vorstellungen scheinen ebenso dürftig zu sein, wie die vieler anderer Ostafrikaner.

Die östlichen Nachbarn der eigentlichen Bantustämme Britisch-Ostafrikas sind die Suaheli oder richtiger Wasuaheli, die die Küstenzone des englischen und deutschen Gebietes und die vorgelagerten Inseln bewohnen. Das Wesen und die Entstehung der Suaheli schildert Otto Kersten[1]) mit folgenden Worten:

„Durch die beinahe tausendjährige Vermischung der Araber mit den Negerstämmen der Küste, sowie durch das jahrhundertelang fortgesetzte Einführen von Sklaven aus fast allen Stämmen Ostafrikas, besonders von Süden her, entstand allmählich eine Einwohnerschaft von so bunter Mischung, daß zuletzt eine strenge Unterscheidung der verschiedenen Bestandteile nicht festgehalten werden konnte, zumal da die fernher gebrachten Neger in kurzer Zeit Sprache und Sitten der hiesigen annahmen, Ursprung und Heimat vergaßen und sich endlich gleich Suaheli nannten, als ob ihre Vorfahren schon seit langer Zeit im Lande gewohnt hätten."

Die Suaheli (d. h. Bewohner der Sahel, der Küste) haben vollständig die Lebensgewohnheiten der Araber und äußerlich auch den Islam angenommen und halten sich für weit höher stehend als die nicht arabisierten Bewohner des Inneren. Viele Ostafrikaner, die gewöhnlich als Araber bezeichnet werden, sind in

---

[1]) O. Kersten: Baron K. K. von der Deckens Reisen in Ostafrika. 6. Bde. Leipzig u. Heidelberg 1869—79.

Wirklichkeit Suaheli. Ein typischer Vertreter dieses Mischvolkes ist z. B. der berühmte TippuTip [1]), dessen Mutter eine Bantusklavin und dessen Vater ein Arabermischling war. Die Suaheli werden mit Vorliebe als Träger bei den Handelskarawanen verwendet, doch sind sie auch selbst Händler. Man trift daher Suaheli vereinzelt auch weiter im Binnenlande an. Im allgemeinen sind die Suaheli kräftig und schön gebaut, mehr beleibt als mager, von angenehmer, oft sogar hübscher Gesichtsbildung mit entschieden semitischen Zügen. Ihre Sprache, das Kisuaheli, ist ein mit arabischen und indischen Brocken durchsetzter Bantudialekt, in den langsam noch englische und deutsche Wörter einsickern. Im Laufe der Zeit ist das Kisuaheli zu einer Art allgemeiner Geschäftssprache an der ostafrikanischen Küste geworden, deren Erlernung für Kolonialbeamte und Reisende sehr wichtig ist.

Im Westen stoßen an die Bantustämme Britisch-Ostafrikas die Masai [2]), die die zwischen dem Kenia und dem Kilimandscharo einerseits und dem Ostufer des Ukerewe anderseits gelegenen gebirgigen Hochländer innehaben. Nach Süden hin erstreckt sich ihr Gebiet fast bis zu der deutschen Station Mpwapwa, während im Norden ungefähr der dritte Parallelkreis die Grenze des von ihnen bewohnten Territoriums bildet.

Die Masai sind ein Volk von guter Begabung, bei dem sich straffe Organisation vielfach mit großer Zügellosigkeit paart. Der ausgewachsene Masai ist ungefähr 1,80 m hoch, mager, aber sehnig und muskulös. Die Gesichtsbildung ähnelt etwas der der Mongolen. Das Haar ist länger und weniger kraus als bei den richtigen Negern. Gestalt und Größe des Mundes

---

[1]) H. Brode: Tippu Tip. Lebensbild eines zentralafrikanischen Despoten. Berlin 1905.

[2]) Ph. Paulitschke: Ethnographie Nordostafrikas. Berl. 1896.

sind nach der größeren oder geringeren Reinheit der Rasse verschieden. Die Hautfarbe ist mattschokoladenbraun. Die Kleidung der Masai muß man als recht dürftig bezeichnen. Die Männer gehen entweder ganz unbekleidet, oder sie hängen einen Ledermantel über die Schultern; die Weiber tragen einen weiten Mantel aus weichgegerbter Rindshaut. Im Kriege legen die Masai statt des Ledermantels ein langes Stück Tuch mit einem farbigen Streifen in der Mitte an. Außerdem umwinden sie in Kriegszeiten die Knöchel mit einem Streifen von Ziegen- oder Affenfell und setzen eine dicke Haube von Habichtsfedern oder eine Mütze von Colobusfell auf. Ihre Waffen bestehen in einem Speer mit breitem, langem Blatt, einem kurzen Schwert und einem etwa 1 m hohen Schild aus Büffelhaut, auf dem das in recht geschmackvoller Weise in Schwarz, Weiß oder Rot aufgetragene Stammeswappen prangt. Bogen und Pfeile findet man bei ihnen selten. Vom 17. bis zum 24. Lebensjahre sind die Masai Krieger (El Moran). Ihre Nahrung besteht während dieser Zeit aus halbrohem Fleisch, Blut und Milch. Die älteren Männer (El Morua) nehmen an den Kriegszügen in entferntere Gegenden nicht teil. Die Masai wohnen in einfachen, runden, mit Rinderhäuten bedeckten, meist von den Frauen errichteten Hütten. Ihren Hauptbesitz bilden die Viehherden. Der Bestand derselben ist jedoch infolge der Rinderpest, die Ostafrika Ende der achtziger Jahre heimsuchte, sehr zurückgegangen. Neben der Viehzucht sind oder richtiger waren Jagd, Raubzüge und Krieg die Hauptbeschäftigung dieses einst mächtigen und kraftvollen Stammes, dessen Glanzperiode gerade jetzt einem tiefen Niedergange zu weichen scheint. Die Zeiten, wo die Masai der Schrecken der Reisenden und friedlichen Ostafrikaner waren, sind vorüber. Über die Zukunft dieses interessantesten aller Völker Ostafrikas urteilt Hauptmann

Merker, einer der besten Kenner der Masai, recht pessimistisch:

„Die Existenz des Masaivolkes", sagt er in seinem „Die Masai"¹) betitelten Werke, „gründete sich auf eine die Negerstämme zersprengende oder vernichtende Herrschermacht, die ihm durch dauernd erfolgreiche Kriegs- und Raubzüge nicht nur die nötigen Viehherden immer von neuem lieferte, sondern auch den nationalen Zusammenhalt förderte. Hier griff die europäische Verwaltung ein und beschleunigte dadurch den Untergang des aufs äußerste zäh an seinen alten Lebensgewohnheiten hängenden Volkes.

Der Prozeß der Seßhaftwerdung, der Übergang vom Viehnomaden zum viehzüchtenden Ackerbauer, wird sich voraussichtlich langsam weiter vollziehen, aber unter ungeheuren Opfern an Menschenleben und unter Zerstörung des Volksbestandes. Ein geringer Teil — der jetzt an Vieh reichste — wird sich vielleicht weiter als Nomaden erhalten, oder — der ärmste — auf dem Umwege durch den Ackerbau wieder dazu werden und in erzwungener Friedfertigkeit seine kleinen Herden weiden. Aber auch diese haben dann aufgehört, Masai zu sein, denn ein Masai mit Hirtenstab und Schalmei ist kein Masai mehr."

Die Religion der Masai ist ein schlichter Monotheismus, der in schroffem Gegensatze zu der Anthropolatrie, der Anbetung abgeschiedener Menschengeister, und dem in allen Formen und Graden vorkommenden Polydämonismus der umwohnenden Negerstämme steht. Ihr Gott, für dessen auserwähltes Volk sie sich halten, heißt Ngai und ist ein körperloses Wesen, ein Geist.

Die Ansichten über die Abstammung und Herkunft der Masai weichen sehr stark von einander ab. E. Glaser nimmt an, daß sie mit den Mazoi der

---
¹) H. Merker: Die Masai. Berlin 1904.

ägyptischen und den Madzaj der südarabischen Inschriften identisch sind. Er hält sie für Afrikaner, die seit 2000 v. Chr. bis zu Anfang unserer christlichen Zeitrechnung stark durch kolonisierende Poener beeinflußt worden sind. Professor Hommel sieht dagegen in den Masai Nachkommen der arabischen Mas'ai oder Mas'aiten (biblisch Mes'a, Massa), die in Ostafrika ihre arabische Sprache mit einem afrikanischen Dialekt vertauscht haben. Auch Felix v. Luschan glaubt in den somatischen Merkmalen der Masai semitische Grundzüge zu erkennen. Hauptmann Merker läßt sie im fünften vorchristlichen Jahrtausend aus Vorderasien in Afrika einwandern und legt besonderen Nachdruck auf biblische Berichte des Alten Testamentes, wie sie sich nach seiner Meinung in der Überlieferung der Masai nachweisen lassen. Von anderen, z. B. von Meinhof, wird jedoch das Semitentum der Masai aus linguistischen Gründen lebhaft bestritten.

Stammverwandt mit den Masai sind die Wakuafi, die sich von jenen durch die Sprache und mancherlei Sitten unterscheiden. Einst sollen sie weit gefährlicher und räuberischer gewesen sein als die echten Masai, und noch im Jahre 1876 wurde von ihnen im Norden des Naiwaschasees eine 400 Mann starke Karawane niedergemetzelt. Die Wakuafi treiben hauptsächlich Ackerbau und leben in elenden, heuschoberartigen Hütten. Ursprünglich waren sie zu beiden Seiten des Paregebirges und in der südlich von diesem gelegenen Steppe Kibadja ansässig, wurden aber später von den Masai auseinandergesprengt. In größerer Masse vereinigt trifft man sie jetzt nur noch auf dem Plateau von Leikipia an. Kleinere Siedlungen der Wakuafi finden sich am Kilimandscharo, am Baringosee, in Kavirondo und in verschiedenen Gegenden Deutsch-Ostafrikas.

Ein dem der Wakuafi ähnliches Schicksal haben die Wandorobo (d. h. Leute ohne Vieh) erfahren, die ebenfalls den Masai sehr nahe stehen. Die Wandorobo, welche aus ihren ursprünglichen Wohnsitzen am Baringosee wohl durch irgendwelche Unglücksfälle vertrieben worden sind, bewohnen heute kein geschlossenes Gebiet mehr, sondern hausen zerstreut unter anderen Stämmen Britisch-Ostafrikas. Sie betreiben weder Ackerbau noch Viehzucht, sondern leben ganz und gar von der Jagd. In den dichten Waldungen des Kenia, in der Landschaft Kikuyu und an dem waldigen Absturz des Mauplateaus, kurz überall, wo Antilope, Büffel und Elefant vorkommen, begegnet man diesen eifrigen und waghalsigen Jägern. Für das Fleisch der erbeuteten Tiere tauschen sie bei benachbarten, mit der Jagd weniger vertrauten Stämmen vegetabilische Nahrung ein. Als Waffen dienen ihnen Speer, Bogen und Pfeile. Ihre Sprache ist der der eigentlichen Masai verwandt.

Nach Westen hin schließen sich an die Masai die Waganda an, welche die im Nordwesten des Ukerewe liegende Landschaft Uganda bewohnen. Die Waganda zählen zu den Bantunegern, doch haben sie sich vielfach mit aus Nordosten eingewanderten hamitischen Eroberern vermischt, die man häufig summarisch als Wahuma (d. h. Leute aus Norden) bezeichnet, die aber wahrscheinlich verschiedenen Einwanderungen angehören, deren Zeit, Aufeinanderfolge und Herkunft wir nicht mehr im einzelnen feststellen können. Aus der Vermischung mit den Wahuma, die nach Emin Pascha in nicht allzuweit zurückliegenden Zeiten ein großes Wahumareich (Kitwara) begründeten, das jedoch bald wieder zerfiel, erklärt es sich, daß die Waganda einen nicht sonderlich stark ausgeprägten Negertypus besitzen, daß sie Tätowierung, Durchbohrung der Lippen, Ausschlagen der Zähne und Beschneidung nicht dulden und große Sorgfalt auf ihre Kleidung verwenden. Sie und die ihnen stammverwandten

Bewohner der Landschaft Unyoro, die Wanyoro, unterscheiden sich von allen umwohnenden Stämmen dadurch, daß sie die einzigen Neger sind, welche, ohne Europäer oder Araber nachzuahmen, von Kopf bis zu Fuß bekleidet gehen. Als Waffen dienen den Waganda lange Stoß- und Wurfspeere, ein überflochtener, ovaler, an den Enden zugespitzter Schild und neuerdings auch Flinten. Schmuck wird bei ihnen wenig getragen. Ihre sauberen, geräumigen Hütten haben eine bienenkorbartige Gestalt und sind mit einem Vordach versehen. Die Waganda sind tüchtige Ackerbauer. Unter den von ihnen angebauten Gewächsen steht die allerdings nur geringe Pflege erfordernde Banane an erster Stelle. Neben ihr bildet die gleichfalls in großen Mengen gezogene süße Kartoffel das Hauptlebensmittel der Eingeborenen. Außer diesen Pflanzen ziehen sie noch Colocasia antiquorum, Helmia bulbifera, verschiedene Bohnenarten, mehrere Sorten Kürbisse, eine Art Solanum, Zuckerrohr, eine Art roten Spinat, Kassawa, Mais, Hirse, Sesam, Reis und Weinreben. Auch Kaffee und Tabak werden von ihnen in ausgedehntem Maße kultiviert. Die Bestellung der Felder ist Sache der Weiber, und nur im Notfalle stehen ihnen die Männer bei, die als kühne Jäger und geschickte Schiffer und Schiffsbauer berühmt sind. Von Gewerben betreiben die Waganda besonders die Schmiedekunst, die Töpferei und die Zubereitung von Leder und Rinde zu Kleidungsstücken.

Den Nordosten des britischen Schutzgebietes nehmen Somalstämme[1]) ein, Teile jener großen Völkerfamilie, welche die nach ihr benannte Halbinsel Ostafrikas bewohnt. Die Somal oder Somali sind

---

[1]) Ph. Paulitschke: Beitrag zur Ethnographie der Somal, Galla und Harari. 2. Auflage. Leipzig 1888.
— Ethnographie Nordostafrikas. Berlin 1896.

semitischen Ursprungs und ließen sich, aus dem südlichen und südwestlichen Arabien kommend, etwa zu Beginn unserer christlichen Zeitrechnung an der Südküste des Golfes von Aden nieder. Hier trafen sie mit dem hamitischen, schon vor ihnen in Nordostafrika eingewanderten Volke der Galla zusammen. Durch Vermischung mit diesen entstand das heutige Volk der Somal, welches infolge der Überzahl der Galla wesentliche Rasseneigentümlichkeiten und auch seine semitische Sprache verlor und daher mit Recht jetzt vielfach als hamitische Völkerschaft bezeichnet wird. Allmählich drängten die Somal ihre westlichen Nachbarn, die früher den Indischen Ozean berührten, immer weiter zurück, wahrscheinlich schon im 13. Jahrhundert bis Ogaden, im Anfang des vorigen Jahrhunderts bis zum Juba und in neuerer Zeit bis zum Tana, der heute als die Südgrenze des von ihnen bewohnten Gebietes gelten kann.

Das Volk der Somal zerfällt in zahlreiche Stämme, von denen jeder vollständig unabhängig ist und in keinerlei politischem Verhältnis zu seinen Nachbarstämmen steht. Nach der Lage ihrer Wohnsitze können wir die Somal einteilen in Somal der Nordküste (darunter die Eïssa, Gadabursi und Medschertin), Somal von Harrar, von Ogaden und von der Benadirküste (unter letzteren sind die vornehmsten die Hawija). Zwischen ihnen leben als Paria die Jebêr, Rami, Midgan und Tomâl, Völkerschaften, die höchst wahrscheinlich als die afrikanischen Ureinwohner anzusehen sind. Paulitschke möchte diese Stämme mit den afrikanischen Zwergvölkern in Verbindung bringen.

Die Somal sind nomadisierende Viehzüchter und besitzen Herden von Kamelen, Straußen, Eseln, Pferden und Rindern. Ackerbau ist bei ihnen nur eine untergeordnete Beschäftigung. Sie zeichnen sich aus durch eine tiefschwarze Hautfarbe, durch hohen, schlanken

Wuchs, feine Gliedmaßen, dichtes, zottiges Haar, vorstehende Backenknochen, eine sanft gekrümmte Nase und breite Lippen. Tätowierung und Beschneidung findet man bei allen Stämmen. Ihre Bekleidung besteht aus Hemd und Mantel, die aus Baumwollstoff gefertigt sind. An den Füßen tragen sie Sandalen. Als Schmuck dienen Ohrgehänge, Korallenhalsbänder und Armspangen aus Metall. Die Bewaffnung der Männer besteht aus Wurf- und Stoßlanzen, einem kleinen, kreisrunden Lederschild und einem säbelartigen Dolchmesser. Die Hütten der Somal haben eine bienenkorb- oder heuschoberartige Form und sind mit Matten oder Häuten überdeckt. Milch, Fett, Reis, Datteln und Mehl bilden ihre Hauptnahrung, Fleisch essen sie wenig, und Hühner, Eier und Wildbret werden sogar verabscheut. Sämtliche Somalstämme bekennen sich zum Islam. Es herrscht bei ihnen Polygamie; jeder Mann heiratet so viele Frauen, wie er ernähren kann.

An der Spitze eines jeden Stammes steht ein Häuptling, doch besitzt derselbe keine Herrscherrechte, sondern muß nach dem Willen der Stammesversammlung handeln. Blutrache ist allgemein Sitte. Die Mordlust der Somal ist groß; alle Fremden sehen sie als Feinde an. Der Wert des Mannes wird nach der Anzahl der von ihm erschlagenen Feinde beurteilt. Heiraten darf nur derjenige, welcher schon einen Feind getötet hat. Mord und Diebstahl sind nach ihrer Ansicht keine Sünden, die den Weg zum Paradiese versperren. Lobenswert ist ihre Abscheu vor Trunksucht und Unsittlichkeit.

Im Westen stoßen an die Somal die Galla[1]). Die Grenze zwischen diesen beiden Völkern verläuft vom mittleren Hawasch zuerst nach Nordosten bis über

---

[1]) Ph. Paulitschke: Beitrag zur Ethnographie der Somal, Galla und Harari. 2. Auflage. Leipzig 1888.
— Ethnographie Nordostafrikas. Berlin 1896.

Harar hinaus, dieses noch den Galla zuweisend, und dann in ziemlich gerader Linie südwärts bis Lugh am Jub, um darauf nach Südwesten hin ein Gebiet der Somalistreifzüge zu umschließen und nahe der Mündung des Juba den Indischen Ozean zu erreichen.

Die Galla oder, wie sie sich selbst nennen, Oroma oder Ilmorma (= Menschen, Männer) gehören dem äthiopischen Zweige der hamitischen Völkerfamilie an. Wir haben sie als ein Mischvolk aus Hamiten und Negern anzusehen, das keinen einheitlichen Volkstypus aufweist. Im allgemeinen sind sie hochgewachsene, kraftvolle und muskulöse Gestalten. Ihre Hautfarbe ist heller als die der Neger und schwankt von hellkaffeebraun bis dunkelbraun. Das Haar ist bald lockig, bald wellig; die Gesichtszüge sind bald edel, bald äußerst wild und roh. So verrät schon ihr Äußeres das Mischvolk. Auch ihre Charaktereigenschaften sind sehr verschieden. Während die nördlichen Galla, besonders die mit den Abessiniern in fortwährendem Kampfe lebenden Wollo-Galla, als fanatisch, treulos und räuberisch geschildert werden, gelten die heidnischen Südgalla als treu, offen und redlich. Die nördlichen Galla sind zum Teil von Abessinien abhängig, die südlichen dagegen so gut wie unabhängig, da die von ihnen bewohnten Gegenden Britisch-Ostafrikas zu dem sogenannten „Unorganized Territory" gehören. Die Bekleidung der Männer besteht aus einem faltigen Gewand, das aus Baumwolle, Kamel- oder Ziegenhaaren gefertigt ist und vom Hals auf den Rücken hinabfällt, den vorderen Teil des Körpers aber unbedeckt läßt. Außerdem tragen sie meist ein baumwollenes oder ledernes Lendentuch. Die Frauen pflegen ein Lederkleid anzulegen, das von den Hüften bis zu den Knöcheln reicht, während den Oberkörper ein Mantel einhüllt. Als Schmuck dienen Ringe aus Elfenbein, Messing oder Eisen, Spangen, Perlschnüre und silberne Amulette, zum Teil von sehr guter Arbeit. Ihre Hauptwaffe ist eine oft vergiftete Lanze.

Die Hauptbeschäftigung der Galla bildet die Viehzucht. Sie besitzen große Herden von Kamelen, Rindern, Ziegen, Fettschwanz- und Mähnenschafen. Als Reittiere benutzen sie Pferde, Esel und Ochsen, jedoch seltsamerweise keine Kamele.

Die Frau nimmt bei den Galla eine ziemlich angesehene Stellung ein. Bei den südlichen Stämmen besitzt der Mann selten mehr als eine Frau, die nicht gekauft wird, sondern dem Manne vielmehr eine Mitgift mitbringt, die diesem verbleibt, falls sie sich wieder von ihm trennt. Diese Sitte steht in schroffem Gegensatze zu den bei fast allen übrigen afrikanischen Völkerschaften herrschenden Heiratsgebräuchen.

Die staatlichen Verhältnisse der Galla tragen einen republikanischen Charakter. An der Spitze der einzelnen Stämme, deren Zahl sehr groß ist, steht ein auf acht Jahre gewählter Häuptling (Heiu oder Heiitsch), der keine feste Residenz hat, sondern in seinem Stamme umherzieht, wobei er alle Streitigkeiten und sonstigen Angelegenheiten ordnet. Beschränkt wird seine Herrschaft durch den Rat der Familienväter (Aba Worati).

Die nordöstlichen Gallastämme bekennen sich fast durchweg zum Islam, die südwestlichen sind dagegen meist Heiden. Bei diesen finden wir die verschiedensten Formen des Aberglaubens und der Zauberei. Zum Teil verehren sie einen rein persönlich gedachten Gott mit Namen Wak oder Waka, der zwei Untergottheiten hat, von denen die eine männlich (Oglie), die andere weiblich (Atete) ist. Dem Wak werden jährlich Opfer unter dem ihm geheiligten Workabaum (Ficus sycomorus) dargebracht. Die Priester (Suba), an deren Spitze ein Oberpriester und Zauberer (Kalidscha) steht, genießen bei ihnen hohes Ansehen.

Die Sprache der Galla zählt zu der äthiopischen Gruppe der hamitischen Sprachen.

Die westlichen Nachbaren der Galla sind jene Völkerschaften, die man gewöhnlich unter dem Namen der Obernilstämme zusammenfaßt. Nach de Martonne zerfallen dieselben in ältere und jüngere Nilotiker, und zwar rechnet er zu jenen z. B. die Dinka, Bari und Bongo, zu diesen die Schilluk, Nuehr, Schuli und die von Emin Pascha[1]) beschriebenen Luri oder Lur. Von diesen Völkerschaften, die wir ebenfalls zu den nordostafrikanischen Misch- und Übergangsvölkern zählen müssen, gehören nur vier, die Lur, Madi, Schuli und Bari Britisch-Ostafrika an, während die übrigen, nordwärts von dem sechsten Parallelkreis wohnenden Stämme unter anglo-ägyptischer Herrschaft stehen.

Die Obernilstämme sind durch die Kämpfe und Wirren der mahdistischen Periode derartig durcheinandergeworfen worden, daß man die Ethnographie derselben gleichsam erst wieder von neuem aufbauen muß. Von den benachbarten Völkern unterscheiden sie sich besonders dadurch, daß ihre ganze Kleidung gewöhnlich nur in einem Lendenschurze besteht. Im Gegensatze zu der Kleidung spielt der Schmuck bei ihnen eine große Rolle. Arm- und Beinringe aus Eisen, Kupfer, Leder und Elfenbein, Halsbänder aus Tier- und Menschenzähnen, Stäbe und Pflöcke in der Ober- und Unterlippe, ferner Ohrgehänge und zuweilen auch Nasenringe findet man bei allen diesen Stämmen. Das Ausbrechen der Vorderzähne ist allgemein verbreitet. Das Haar wird meist in besondere Formen gepreßt und mit eisernen Ringen, Muscheln und Perlen verziert. Außerdem tragen die Obernilstämme, wie

---

[1]) G. Schweinfurth u. F. Ratzel: Emin Pascha. Eine Sammlung von Reisebriefen und Berichten. Leipzig 1888.

Schweinfurth[1]) berichtet, Helme, Hüte und Perücken von recht mannigfaltigen und eigentümlichen Formen. Als Waffen dienen Keulen, lange, eiserne Lanzen, Bogen und Schilde. Einzelne der Obernilstämme tauschen auch von den weiter westlich wohnenden Niam-Niam Messer, Dolche und Säbel ein. Die im Nordwesten des Albertsees wohnenden Lur, Allur oder Luri bedienen sich überdies eines merkwürdigen Wurfeisens. Die Dörfer der Obernilstämme bestehen durchweg aus im Kegelstil erbauten Hütten und sind von Zäunen oder Euphorbienhecken umgeben. Die Hauptbeschäftigung dieser Völkerschaften sind Ackerbau und Viehzucht, doch scheint der große Viehreichtum einzelner Stämme, von dem Schweinfurth zu berichten weiß, heute der Vergangenheit anzugehören.

Zu den Bantu-, Masai-, Galla-, Somal- und Obernilstämmen Britisch-Ostafrikas kommen noch ungefähr 25000 Inder, 6000 Araber und 2400 Europäer, die sich größtenteils an der Küste und zu beiden Seiten der Ugandabahn niedergelassen haben. Die Gesamtbevölkerung des Schutzgebietes schätzt man jetzt auf $7\frac{1}{2}$ Millionen Seelen, doch ist es sehr fraglich, ob diese Schätzung auch nur annähernd mit der Wirklichkeit übereinstimmt.

---

[1]) G. Schweinfurth: Im Herzen von Afrika. 2 Bde. Leipzig 1874.

VI. Verkehrswesen und Handel.

I. Verkehrswesen.

Die Bedeutung Britisch-Ostafrikas für das Mutterland ist vor allem eine politisch-strategische. Erst in zweiter Linie kommen für England die nach und nach auszubeutenden Hilfsquellen dieses Schutzgebietes in Betracht. Mit Recht heben sowohl Hahn in der zweiten Auflage der Sieversschen Länderkunde Afrikas[1]), als auch Hans Meyer in seinem Werke „Der Kilimandscharo"[2]) hervor, daß die ungestörte Verbindung mit Ostindien für das United Kingdom eine Lebensfrage ist, daß der Weg durch das Rote Meer aber sehr leicht gesperrt werden kann und daß daher ein zweiter, von dem ersten möglichst unabhängiger Weg nach Indien für die Engländer einen hohen strategischen Wert besitzt. Einen solchen zweiten, allerdings minder bequemen Weg bildet aber, abgesehen von der zeitraubenden Route um das Kap, die Linie Kairo—Chartum—Victoriasee—Mombasa.

Um den politisch-strategischen Wert dieser Verbindungsstraße zwischen dem Mittelländischen Meer und dem Indischen Ozean, deren Brauchbarkeit besonders durch die ungünstigen Terrainverhältnisse und die wasserarmen Steppen Britisch-Ostafrikas stark beeinträchtigt wurde, noch zu erhöhen, stellte das englische Parlament im Jahre 1895 der Regierung die Mittel für eine große Überlandbahn von der ostafrikanischen Küste bis zum Victoria Nyanza zur Verfügung. Allerdings waren, aber erst in zweiter Linie, bei der

---

[1]) W. Sievers: Afrika. 2. Auflage von F. Hahn. Leipzig und Wien 1901.
[2]) H. Meyer: Der Kilimandscharo. Berlin 1900.

Bewilligung der Kosten für diese Bahn auch wirtschaftliche Gesichtspunkte maßgebend. Einmal beabsichtigte man nämlich durch dieses Verkehrsmittel den fruchtbarsten und wertvollsten Teil Britisch-Ostafrikas, das Uganda-Protektorat, dem Welthandel zu erschließen, zum anderen wollte man durch den Bau der sogenannten Ugandabahn die Besiedlung der hochgelegenen Ebenen des Masailandes mit weißen Kolonisten ermöglichen. Als einen weiteren Grund für die Erbauung der Ugandabahn machte die englische Regierung geltend, daß man Aufstände im Nyanzagebiet viel leichter, schneller und billiger niederschlagen könne, wenn man über ein geeignetes Transportmittel für Truppen und Kriegsmaterial verfüge.

Im Jahre 1896 wurde der Bau der Ugandabahn in Angriff genommen, nachdem man vorher genaue topographische und geologische Aufnahmen gemacht, die ungefähre Trasse mit einer Reihe von Regierungsstationen besetzt, eine Fahrstraße in der ganzen Längenausdehnung der Trasse gebaut und die Nachbargebiete durch wirtschaftlich gebildete Leute einer eingehenden Untersuchung unterzogen hatte. Die Kosten der Bahn waren ursprünglich auf 60 Millionen Mark veranschlagt worden, doch kam man schon nach dreijähriger Bauzeit, in der die nur geringe Geländeschwierigkeiten bietende erste Teilstrecke von 500 km fertiggestellt wurde, zu der Überzeugung, daß die in Aussicht genommene Summe bei weitem nicht ausreichen werde, um die ungefähr 940 km lange Bahn zu vollenden. Während nämlich nach dem Voranschlage die durchschnittlichen Baukosten 40000 Mark pro Kilometer betragen sollten, erreichten dieselben bereits auf der ersten Teilstrecke von 500 km etwa 57000 Mark pro Kilometer. Es blieb daher dem englischen Parlament, sollte die Bahn nicht ein Torso bleiben und damit überhaupt wertlos werden, nichts anderes übrig, als weitere $38^1/_2$ Millionen

Mark für die Fortführung der Bahn zu bewilligen. Dank der Umsicht und Tatkraft der englischen Ingenieure schritt der Bau nun rasch vorwärts, und in weiteren drei Jahren war die Strecke so weit ausgebaut, daß die erste Lokomotive den Victoriasee erreichen konnte. Beim Bau der Bahn wurden größtenteils indische Arbeiter verwendet, doch litten dieselben oft so stark unter dem Malariafieber, daß zeitweise 70 % derselben arbeitsunfähig waren. Daneben beschäftigte man eine Anzahl Mozambiqueneger, die sich zwar dem Klima gegenüber widerstandsfähiger zeigten, in der Arbeit aber nur sehr wenig ausdauernd waren. Die Ingenieure waren natürlich alle Engländer.

Den Ausgangspunkt der Ugandabahn bildet das am Westrande der kleinen Koralleninsel Mombasa liegende Kilindini. Man wählte diesen Ort als Kopfstation, weil Kilindini den Schiffen einen weit geräumigeren und geschützteren Ankerplatz bietet, als das im Osten der gleichnamigen Insel gelegene Mombasa. Von Kilindini aus überschreitet die Bahn zunächst auf einer eisernen Brücke den ungefähr 500 m breiten Makupameeresarm, durchschneidet darauf die etwa 15—20 km breite fruchtbare Küstenzone, ersteigt dann, immer fast parallel der deutsch-englischen Grenze laufend, in starken Kurven das wasser- und baumlose, unfruchtbare und dünn bevölkerte Plateau zwischen den Gebirgsmassen des Kilimandscharo und Kenia und erreicht schließlich bei der Station Escarpment in einer Höhe von 2250 m über dem Meeresspiegel den Ostrand des Großen ostafrikanischen Grabens. In zahlreichen Windungen steigt die Bahn hierauf zu der an dieser Stelle 45 km breiten Talsenkung hinab, deren hier im Durchschnitt 1850 m über der See liegende Sohle sie durchquert, um alsdann den Ostabhang des Mauplateaus zu erklettern. Den Westrand des Grabens erreicht sie bei der 2420 m über dem

Meere gelegenen Station Molo. Von Molo aus verläuft die Bahntrasse in westlicher Richtung bis zu der Endstation Port Florence (Kisumu) an der Ugowebai, einer Bucht des Victoria Nyanza. Da Port Florence 1110 m, Molo aber 2420 m über der See liegt, fällt die Bahn auf der verhältnißmäßig kurzen Endstrecke Molo—Port Florence also noch um über 1300 m.

Über die Steigungsverhältnisse der Ugandabahn, die man als eine Gebirgsbahn ersten Ranges bezeichnen muß, gibt folgende Tabelle Aufschluß, aus der die Meereshöhe der einzelnen Stationen und die Entfernung derselben von Mombasa zu ersehen sind:

Station	Höhe ü. d. M. m	Entfernung v. Mombasa km
Mombasa	21	—
Changamwe	55	9,7
Mazevas	162	25,7
Maji-ya-Chumvi	174	56,3
Samburu	278	70,8
Mackinnon Road	360	98,1
Maungu	519	136,8
Voi	558	165,7
Tsavo	467	214,0
Kenani	634	238,1
Mtito-Andei	763	265,5
Masongaleni	885	297,7
Kibwezi	912	315,4
Makindu	1000	336,3
Simba	1022	368,5
Sultan Hamud	1156	399,0
Kiu	1482	429,6
Machakos Rd.	1601	444,1
Kapiti Plains	1632	463,4

Station	Höhe ü. d. M. m	Entfernung v. Mombasa km
Athi River	1479	500,4
Nairobi	1662	526,1
Kikuyu	2044	550,3
Limuru	2239	566,4
Escarpment	2254	585,7
Kijabé	2071	596,9
Naivasha	1900	629,1
Gilgil	1970	658,1
Elmenteita	1797	693,5
Nakuru	1815	722,4
Njoro	2132	741,8
Elburgon	2080	762,7
Molo	2422	778,8
Londiani	2260	804,5
Lumbwa	1897	833,5
Fort Ternan	1519	862,4
Muhoroni	1263	885,0
Kibigori	1165	902,7
Kibos	1113	930,0
Port Florence	1113	939,7

Die Ugandabahn ist eingleisig; ihre Spur beträgt 1 m, ist also etwas schmäler als die 1,067 m breite Kapspur. Die Schienen haben ein Gewicht von 25 kg pro Meter und ruhen teils auf hölzernen, teils auf eisernen Schwellen. Die Bahnhöfe sind nach indischem Vorbilde gebaut und bequemer eingerichtet, als man dies im Inneren Afrikas erwarten sollte. Die Personenwagen, die den in Indien verkehrenden Wagen gleichen, sind etwas über 2 m hoch und besitzen eine erste, zweite und dritte Klasse; letztere ist ausschließlich für die Eingeborenen bestimmt.

Das Personal einschließlich der meisten Bahnhofsvorsteher besteht aus Indern, nur an der Spitze einiger besonders wichtiger Stationen steht ein Europäer. Der Sitz der Betriebsleitung der Ugandabahn ist Nairobi, das 525 km von der Küste entfernt in gesunder Höhenlage liegt und heute ungefähr 4000 Einwohner zählt. Dort befinden sich auch die Haupteisenbahnwerkstätten.

Im Anschluß an die Züge der Ugandabahn vermitteln die vier Doppelschraubendampfer „Sibyi" (600 T), „Winifred" (600 T), „Clement Hill" (800 T) und „Wapagazi" (1000 T) den Verkehr auf dem Victoria Nyanza. Dieselben laufen sieben Häfen des englischen und des deutschen Gebietes (Port Florence, Entebbe, Jinja, Munyonyo, Schirati, Muanza und Bukoba) an und führen der Bahn bedeutende Frachtmengen zu. An Einfuhrgütern transportierten die beiden Dampfer „Sibyl" und „Winifred" im Jahre 1904 („Clement Hill" wurde erst 1906 und „Wapagazi" noch später vom Stapel gelassen) 1378 Tons, im Jahre 1905 aber schon 3920 Tons, an Ausfuhrgütern 741 bezw. 2602 Tons.

Während bis vor wenigen Jahren sich der gesamte Außenverkehr des Uganda-Protektorates über das deutsche Südufer des Victoria Nyanza und auf den Straßen bewegte, welche von da nach den Häfen von Deutsch-Ostafrika führen, wobei das Vorhandensein zahlreicher und billiger Träger von besonderem Vorteil war, hat die Ugandabahn die Verkehrsverhältnisse vollständig umgestaltet und den Handel mehr und mehr an sich gerissen. In welchem Maße dies der Fall gewesen ist, geht deutlich aus der Handelsstatistik der drei deutschen Victoria Nyanzahäfen Bukoba, Schirati und Muanza hervor:

	Jahr	Einfuhr	Ausfuhr
Bukoba	1903	86 432 ℳ	22 148 ℳ
	1905	509 266 „	511 843 „
Schirati	1903	43 025 „	19 768 „
	1905	93 585 „	150 958 „
Muanza	1903	203 792 „	71 135 „
	1905	1 125 423 „	1 333 326 „
Insgesamt	1903	333 249 „	113 051 „
	1905	1 728 274 „	1 995 118 „

Nach dem englischen Parlamentsbericht hat die Ugandaeisenbahn in dem Berichtsjahre 1904/05 zum ersten Mal die Betriebskosten aus ihren eigenen Einnahmen decken können. Sie beförderte in diesem Jahre 23771 Tons Güter, 71680 Passagiere und 6195 Stück lebendes Vieh. Die Einnahmen beliefen sich auf £ 153793 und waren £ 22226 höher als im Vorjahr. Die Ausgaben erreichten einen Betrag von £ 151153 und waren damit £ 40514 niedriger als im Vorjahr. Diese, selbst die kühnsten Erwartungen übertreffende Entwickelung des Verkehrs auf der Ugandabahn berechtigt zu der Annahme, daß die Bahn sich in absehbarer Zeit nicht nur verzinsen, sondern daß sie auch ihrer Aufgabe, Handel und Wandel in den von ihr durchquerten Gebieten zu fördern, in immer höherem Maße gerecht werden wird.

Den Verkehr zwischen Britisch-Ostafrika und Europa vermitteln drei bedeutende Schiffahrtsgesellschaften: die Deutsche Ostafrikalinie, die British India Steam Navigation Company und die Messageries Maritimes. Die Dampfer dieser Reedereien laufen regelmäßig den Hafen von Mombasa-Kilindini an.

2. Handel.

Das East Afrika Protectorate und das nur durch die Ugandabahn mit dem Weltmarkte in Verbindung stehende Uganda Protectorate bilden eine Zollgemeinschaft. Die nachstehend gegebenen Ziffern über den Handel Britisch-Ostafrikas[1]) schließen also den Ugandas mit ein.

Der Gesamtaußenhandel Britisch-Ostafrikas belief sich im Rechnungsjahre 1907 (1. April 1907 bis 31. März 1908) auf £ 1314769 gegen £ 1194352 im Vorjahre. Davon entfallen auf die Einfuhr £799717 (1906: £753647) und auf die Ausfuhr £ 551052 (1906: £ 440705). Nicht einbegriffen in der Einfuhrziffer sind Transitgüter, die größtenteils nach Deutsch-Ostafrika, in geringeren Mengen auch nach dem Kongostaat gingen, ferner Regierungsgüter, Bahnmaterialien und Geld. In der Ausfuhrziffer sind auch die Güter enthalten, die innerhalb Britisch-Ostafrikas von einem Hafen nach einem anderen befördert wurden und somit in Wahrheit vom Exporthandel der Kolonie in Abzug zu bringen sind. Außerdem ist der recht erhebliche Transithandel von Deutsch-Ostafrika und dem Kongostaat mitgerechnet. Der verbleibende Rest der Ausfuhr verteilt sich ziemlich gleichmäßig auf die beiden Protektorate East Afrika und Uganda.

In den Jahren 1903 bis 1907 hat der Handel Britisch-Ostafrikas folgende Entwickelung genommen:

Einfuhr

	1903	1904	1905	1906	1907
	£ 436947	£ 518143	£ 672360	£ 753647	£ 799717
Darin sind nicht einbegriffen:					
1. Transitgüter	£ 18490	£ 57067	£ 131715	£ 172216	£ 189647
2. Regierungsgüter f. Brit.-Ostafr.	„ 14940	„ 28677	„ 32389	„ 82612	„ 89776
3. Regierungsgüter für Uganda	„ 13000	„ 19320	„ 21413	„ 19922	„ 12414
4. Güter für den Ausbau u. die Unterhaltung der Ugandabahn	„ 42000	„ 18578	„ 16489	„ 72187	„ 35473
5. Geldeinfuhr	„ 79000	„ 100000	„ 100000	„ 126065	„ 124000

[1]) Deutsches Kolonialblatt. XIX. Jahrg. 1908.

Ausfuhr

	1903	1904	1905	1906	1907
	£ 159815	£ 234664	£ 332838	£ 440705	£ 515052
Davon sind abzuziehen innerhalb des Schutzgebietes verschiffte Güter	£ 25657	£ 20087	£ 16697	£ 21491	£ 20342
Also reiner Ausfuhrhandel	„ 134158	„ 214577	„ 316141	„ 419214	„ 494710
Davon Transit:					
1. aus Deutsch-Ostafrika	„ 6107	„ 43270	„ 93179	„ 138030	„ 174661
2. aus dem Kongostaat	—	„ 4298	„ 6852	„ 12435	„ 44442
3. aus Italienisch-Ostafrika	—	„ 6	„ 677	—	—
Also rein. Ausfuhrhandel Britisch-Ostafrikas und Ugandas	„ 128051	„ 167003	„ 215433	„ 268749	„ 275607
Davon entfallen auf Brit.-Ostafr.	„ 83451	„ 105000	„ 108151	„ 142258	„ 136755
Davon entfallen auf Uganda	„ 44600	„ 62000	„ 107282	„ 126491	„ 138852

Die Einfuhr verteilte sich auf die wichtigeren Herkunftsländer, wie folgt:

	1906	1907
Großbritannien	£ 299580	£ 329769
Indien und Burma	„ 174285	„ 183436
Deutschland	„ 54558	„ 63709
Holland	„ 39185	„ 49143
Nordamerika	„ 59320	„ 31510
Österreich-Ungarn	„ 22899	„ 22254
Frankreich	„ 12841	„ 18777
Schweiz	„ 9853	„ 11644
Italien	„ 5857	„ 9439
Deutsch-Ostafrika	„ 10824	„ 8070
Uganda	„ 2065	„ 5964

Die Ausfuhr richtete sich insbesondere nach folgenden Aufnahmeländern:

	1906	1907
Großbritannien	£ 58356	£105182
Nordamerika	„ 137477	„ 100243
Deutschland	„ 58343	„ 82568
Frankreich	„ 55929	„ 61815
Zanzibar	„ 28761	„ 40178
Belgien	„ 5738	„ 29972
Protektoratshäfen	„ 21491	„ 20342
Indien und Burma	„ 14240	„ 19312
Österreich	„ 14741	„ 12913
Holland	„ 3440	„ 9001
Italien	„ 6896	„ 4255
Deutsch-Ostafrika	„ 2981	„ 2875

Unter den Ausfuhrprodukten Britisch-Ostafrikas stehen „Häute, Felle und Hörner" obenan, also, abgesehen von einem geringen, auf die Jagd entfallenden Prozentsatze dieser Erzeugnisse, Produkte der Viehzucht. Zweifellos wird auch in Zukunft trotz Dürren und Seuchen die Viehzucht eine der Hauptressourcen des Landes bleiben, da, wie Eliot[1]) mit Recht betont, weite Areale Britisch-Ostafrikas für diesen Erwerbszweig viel bessere Aussichten bieten als für den Ackerbau.

Gegenwärtig sind die Hauptviehzüchter des Schutzgebietes die Masai. Diese besitzen Herden von Rindern, Schafen, Ziegen und Eseln, doch verwenden sie die größte Sorgfalt auf die Rindviehzucht. Das höchste Glück des Masai ist ein möglichst großer Viehbestand, sein Denken und Tun gilt in erster Linie

---

[1]) Ch. Eliot: The East African Protectorate. London 1905.

der Erhaltung und Vergrößerung der Herden. Wie Baumann[1]) berichtet, sind den Masai die Grundsätze der Zucht und der Zuchtwahl nicht unbekannt. Der weitaus größte Teil der von diesem Volke bewohnten Steppen bildet eine vorzügliche Viehweide. Nur einzelne kleinere und größere Distrikte des Masailandes sind für die Viehzucht ungeeignet. Diese Stellen kennen die Bewohner sehr genau und vermeiden sie peinlichst. Um für ihr Vieh frische Weiden zu suchen, ziehen die Masai umher und zwar, wie Johnston hervorhebt, in ganz bestimmten Distrikten. Da die Herden die Grundlage für die Existenz der Masai bilden, behandeln diese die Tiere außerordentlich sorgfältig. Nach Merker[2]) besitzen die Masai keinerlei Geflügel. Bei dem am Südufer des Rudolfsees wohnenden Masaistamme der Burkeweji trifft man auch einzelne Kamele an, welche diese Nomaden von den im Nordosten und Osten des Sees ansässigen Somali eingetauscht haben. Auch bei dem den Masai zuzurechnenden Hirtenvolke der Suk, welches das Gebiet im Südwesten des Rudolfsees innehat, findet man einige Kamele, doch bestehen die Herden dieses Stammes hauptsächlich aus Schafen, Ziegen und vor allem aus Rindern und Eseln.

Die östlichen Nachbarn der Masai, größtenteils Bantustämme, betreiben zwar auch Viehzucht, allein nicht in nennenswerter Weise, denn die Küstenzone ist für diesen Erwerbszweig nur sehr wenig geeignet, und in dem Gebiet zwischen dieser und den Ebenen des Masailandes machen die Tsetse (Glossina morsitans) und wasserlose Wüsten jede Viehzucht unmöglich. Nur im Süden des Kenia in dem sehr fruchtbaren und reich bewässerten Kikuyu finden wir zahlreiche Schaf- und Ziegenherden. Auch Rindvieh gedeiht dort, und in Nairobi hat die englische Regierung eine Versuchs-

---

[1]) O. Baumann: Durch Masailand zur Nilquelle. Berlin 1894.
[2]) H. Merker: Die Masai. Berlin 1904.

farm eingerichtet, auf der Rindvieh, Schafe, Ziegen und Geflügel aus England gehalten werden.

In dem Uganda-Protektorat stößt der Reisende überall auf stattliche Bestände an Rindern, Schafen und Ziegen. Die nördlich von Port Florence ansässigen, zu den Masai zählenden Nandi besitzen auch Hühner. Besonderer Erwähnung verdienen die nordöstlich von Port Victoria wohnenden Busoga, weil diese Stallfütterung kennen und ihr Vieh selten auf die Weide treiben. Die Bewohner des früheren Königreiches Uganda, die Waganda, halten zwar auch Schafe, Ziegen und Rinder, doch sind sie im Vergleiche zu den weiter westlich wohnenden Wahuma, die sowohl die heutige Uganda Province, als auch die Western Province (das frühere Kittara) einnehmen, keine bedeutenden Viehzüchter. Bei den Wanyoro im Südosten des Albert Nyanza liegen die Verhältnisse ähnlich wie bei den Waganda. Tüchtige Viehzüchter aber sind die im Nordwesten dieses Sees hausenden Lendu, deren Besitz allerdings nur aus Ziegen, Schafen und Hühnern besteht, da das Rindvieh der in der Gegend des Semliki Valley und am Albert Nyanza wohnenden Stämme größtenteils von den Wanyoro geraubt worden ist. Nur die in größerer Entfernung vom Albertsee ansässigen Teile der Lendu sollen nach Johnston noch einiges Rindvieh besitzen. Ähnlich wie den Lendu ist es den südlich vom Ruwenzori heimischen Usongara ergangen, bei deren Beraubung sich außer den Wanyoro auch die Waganda beteiligt haben. Ein Gebiet mit ausgedehnter Viehzucht dagegen ist die östlich des Albert-Edwardsees liegende Landschaft Ankole. Die Bewohner dieses Distriktes leben fast ausschließlich von Fleisch und Milch und konzentrieren ihr ganzes Interesse auf ihre Herden.

Die im Nordosten des britischen Schutzgebietes ansässigen Somalistämme betreiben ebenfalls Viehzucht, doch wird dieselbe stark beeinträchtigt durch weite, wasserlose Steppen, die sich vom Unterlaufe des Juba bis über den 40. Grad östlicher Länge hinaus nach Westen und bis zum Tana nach Südwesten hin erstrecken. Erst weiter westlich entwickelt sich wieder eine regere Viehzucht. Die Wasuk am Stefaniesee besitzen Rindvieh, Ziegen und Esel. Bei weiter nordwärts wohnenden Teilen dieses Volkes findet man auch Kamele. Die früher am Ostufer des Rudolfsees hausenden Nomaden besaßen ebenfalls zahlreiche Kamele, welche aus Südabessinien und von der Somalihalbinsel eingeführt worden waren. Trockenheit und Einfälle der Abessinier haben jedoch die ganze Nord- und Ostküste des Rudolfsees entvölkert.

Bei den südlichen, nach Britisch-Ostafrika hineinreichenden Stämmen der Galla trifft man außer stattlichen Rinder-, Schaf- und Ziegenherden nach Casati große, oft 500—600 Tiere zählende Herden von Kamelen an, die besonders ihrer Milch wegen geschätzt werden. Auch für die Pferdezucht zeigen diese Völkerschaften, deren Gebiet alle Eigenschaften eines vortrefflichen Weidelandes besitzt, sehr viel Verständnis.

Die im Westen an die Galla stoßenden Obernilstämme betreiben sämtlich neben Ackerbau, Jagd und Fischfang mehr oder weniger ausgedehnte Viehzucht. Ihre Herden, vorzugsweise aus Rindern bestehend, waren in früherer Zeit außerordentlich groß. Schweinfurth[1] berichtet von 2000—3000 Tiere zählenden Rinderherden, die er an den Tränkplätzen sah. Infolge der Kämpfe der mahdistischen Periode sind die Viehbestände der Obernilstämme jedoch stark zusammengeschmolzen, und erst seitdem England im Tale des oberen Nils festen Fuß gefaßt hat, darf man erwarten,

---

[1] G. Schweinfurth: Im Herzen von Afrika. 2. Bde. Leipzig 1874.

daß sich die Viehzucht der am Oberlaufe des Nils ansässigen Völkerschaften zu neuer Blüte entwickeln wird.

Den zweitwichtigsten tierischen Exportartikel Britisch-Ostafrikas bildet zur Zeit Elfenbein. Allein es ist zu befürchten, daß in Zukunft infolge der fortschreitenden Besiedlung und Kultivierung des Landes die Elfenbeinausfuhr mehr und mehr zurückgehen wird.

Unter den Erzeugnissen aus dem Pflanzenreiche steht dem Ausfuhrwerte nach der Kautschuk an erster Stelle. Denselben liefern hauptsächlich verschiedene Arten der über das ganze äquatoriale Afrika verbreiteten Lianengattung Landolphia. In den trockenen Landstrichen des britischen Schutzgebietes trifft man Kautschuklianen nur in der Nähe der Flüsse an, in der Küstenzone dagegen wachsen dieselben überall, wo Schatten vorhanden ist, und sie sich an Büschen oder Bäumen emporranken können. Die verbreitetste Kautschukliane Britisch-Ostafrikas ist die Landolphia Kirkii, von der die meisten anderen Kautschuk liefernden Lianen Ostafrikas, vor allem die in dem Gebiete zwischen Tanga und Kismayu heimischen, abstammen. In größerer Menge kommt dieselbe besonders in den Kamasiabergen in einer Höhe von ungefähr 2000 m vor. Häufig verwechselt wird mit ihr eine andere Spezies, die Landolphia florida. Diese wächst in der Nähe der Küste in Gegenden, die bis 600 m über dem Meeresspiegel liegen. Eine ebenfalls in der Küstenregion häufig vorkommende Art ist Landolphia Petersiana, die man allerdings bisher noch nicht für die Kautschukproduktion nutzbar gemacht hat. Im Westen des Großen ostafrikanischen Grabens in der Landschaft Nandi findet man die Landolphia Watsoniana in einer Höhe von etwa 1700 m über der See. Eine Abart dieser Spezies ist Landolphia Tayloris von den Rabaihügeln. Landolphia Ugandensis hat man sowohl in dem Kericho- als auch in dem Nandi-Distrikt der heutigen Kisumu Province gefunden. Auch Landolphia lucida hispido trifft man in jenen Gegenden an. Von der Clitandra Kilimandjarica wird der Laitokitak-Kautschuk gewonnen. Sie kommt an den nördlichen Abhängen des Kilimandscharo etwa 1000 m hoch vor.

Von pflanzlichen Erzeugnissen folgen auf den Kautschuk dem Exportwerte nach „Getreide und Hülsenfrüchte".

Von Getreidearten gelangt bisher nur das Negerkorn (Sorghum vulgare Pers.) zur Ausfuhr. Es kostet auf den südafrikanischen Märkten 132—198 Mark die Tonne, kann in Nairobi aber zu 74—98 Mark eingekauft werden.

Die Negerhirse (Pennisetum spicatum), die in Nairobi mit 170—195 Mark bezahlt wird, kommt nur in geringen Mengen auf den Getreidemarkt. Sie ist ein zu wenig gesuchtes Landesprodukt, als daß sie jemals eine Rolle in der Ausfuhr Britisch-Ostafrikas spielen wird.

Weizen (Triticum) wird besonders in der Landschaft Kikuyu in der Umgebung von Nairobi angepflanzt; derselbe kommt aber bis jetzt nur als Saatgut für die Siedler in den Handel. Es sind harte australische Sorten, die hier am besten gedeihen, doch hat man des Antilopen- und Vogelfraßes wegen von ihm noch keine bedeutenden Erträge erzielt. Man muß die Frucht, um sie vor diesen Feinden zu retten, gewöhnlich schon vor der vollen Reife ernten. Außerdem scheint der Weizenkultur auch durch einen kleinen Kornwurm (Calandra) ein sehr beachtenswertes Hindernis zu erwachsen, wenn das aufzuspeichernde Getreide nicht durch Durchlüftungsmaschinen vor dessen Angriffen geschützt werden kann. Die Preise, welche in Nairobi für den Weizen bezahlt werden, sind zur Zeit zwei- bis dreimal so hoch wie in Europa; an eine Ausfuhr ist daher gar nicht zu denken.

Auch Mais (Zea) und Gerste (Hordeum) sind in Nairobi gegenwärtig noch viel zu teuer, als daß diese Getreidesorten für die Ausfuhr in Betracht kommen könnten. Von Mais gelangen drei Sorten in den Handel, der großkörnige, weiße Hickory King zu 97 bis 147 Mark die Tonne, der große, gelbe Mais zu 97—122 Mark und der kleinkörnige, weiß und schwarze Native-Mealies zu 74—86 Mark die Tonne. Gerste kostet 122—166 Mark pro 1000 kg.

Weit mehr als von dem Getreidebau verspricht man sich von dem Anbau von Hülsenfrüchten. Verschiedene Arten derselben werden schon jetzt in ziemlich großem Umfange besonders in der Landschaft Kikuyu angepflanzt und auch in verhältnismäßig bedeutenden Mengen exportiert.

Bessere Bohnensorten finden in den südafrikanischen Minendistrikten einen recht guten Absatz. Für gute Tischbohnen (Phaseolus) bezahlt man dort 320 Mark die Tonne, während sehr schöne Sorten in Nairobi für 183 Mark zu haben sind. Eine geringere Art, die white Cocoa bean, kostet hier sogar nur 147 Mark, und die für die Arbeiterverpflegung begehrte, purpurrote Posho bean 73—98 Mark. Den gleichen Preis bezahlt man in Nairobi auch für die rundsamige, graue Soggoo (Vigna sinensis), während die schwarze oder schokoladenbraune Helmbohne (Dolichos lablab) zu 61—73 Mark auf den Markt kommt. Für Erbsen scheint in Südafrika die Absatzmöglichkeit gering zu sein, da dieselben dort selbst in großen Mengen gezogen und des geringen Wertes wegen oft nur als Schweinefutter verwendet werden. Die großen europäischen Erbsen kosten in Nairobi zur Zeit noch 240 Mark die Tonne, und die etwas kleinere Ugandaerbse 170 Mark, während verwandte Arten in Südafrika zu 110—154 Mark die Tonne verkauft werden.

Auch mit Erdnüssen (Arachis hypogaea) sind wenigstens vorläufig noch keine großen Geschäfte zu machen, denn für geschälte Ware bezahlt man in Nairobi 245 Mark für 1000 kg, während die gleiche Menge in Europa nur 270—285 Mark erzielt. Immerhin ist die Erdnußausfuhr im Laufe der letzten Jahre ganz bedeutend gestiegen. Außer der Landschaft Kikuyu lieferte Kavirondo bisher größere Mengen dieser Hülsenfrucht.

Nächst den unter der Rubrik „Getreide und Hülsenfrüchte" zusammengefaßten Produkten bildet Kopra (getrocknete Fruchtkerne der Kokospalme) den wichtigsten pflanzlichen Exportartikel des englischen Schutzgebietes. Für die Gewinnung dieses Erzeugnisses, das vornehmlich zur Bereitung von Kokosbutter (Kokosöl) dient, kommt hauptsächlich die Küstenzone in Frage, wo die Kokospalme (Cocos nucifera) überall in größeren und kleineren Beständen anzutreffen ist.

An Nutzhölzern ist Britisch-Ostafrika, wo ja nur geringe Areale, wie das Mau Escarpment, die Kamasia Hills, das Keniagebiet, die Abhänge des Kilimandscharo und verschiedene an den Flußläufen sich hinziehende Striche mit dichten Wäldern bedeckt sind, verhältnismäßig arm. Für die Ausfuhr kam bisher neben dem Holze des ostafrikanischen Wachholders (Juniperus procera) nur noch das Holz zweier anderer Coniferen, der Podocarpus-Arten P. elongata und P. Mannii, in Betracht.

Juniperus procera ist, wie E. Gilg in Englers „Die Pflanzenwelt Ostafrikas und der Nachbargebiete"[1]) ausführt, ein 25—40 m hoher, schöner Baum, dessen kerzengerader Stamm häufig einen Durchmesser von 1 m erreicht. Er ist verbreitet über die Gebirgssysteme von Abessinien und Usambara und findet sich auch am Kilimandscharo

---

[1]) A. Engler: Die Pflanzenwelt Ostafrikas und der Nachbargebiete. 2 Bde. Berlin 1895.

und Kenia. Er kommt vor in Höhen von 1500 bis 3000 m und bildet z. B. in Usambara ausgedehnte Waldungen. Am Kilimandscharo traf ihn Volkens[1]) nur am Nordabhange an und zwar in einer Höhe von 2500—2800 m. Im Keniagebiet scheint er sehr verbreitet zu sein, wenigstens wird er von fast allen Forschungsreisenden erwähnt. Dort kommt er in Höhenlagen von 2000—2500 m vor. Das Holz dieses Baumes ist weich, feinkörnig und von angenehmem, schwachem Wohlgeruch. Es kann nach Gilg vor allem zur Herstellung von Bleistiften und anderen feinen Holzarbeiten Verwendung finden.

Podocarpus elongata und P. Mannii sind mächtige, bis 30 m hoch werdende Bäume, deren Holz sich seiner schönen, gelblichen Farbe und seiner gleichmäßigen Beschaffenheit wegen zu allen möglichen Zimmerarbeiten eignet. P. elongata bildet im Kapgebiet ausgedehnte Waldungen. In dem tropischen Afrika ist er nur aus dem Keniagebiet bekannt, wo er 1300—2000 m hoch über dem Meeresspiegel vorkommt. P. Mannii wächst außer am Kamerungebirge und in Usambara an den Abhängen des Kilimandscharo und Kenia in Höhenlagen von 2200—2900 m.

Für das Gerbereiwesen von Bedeutung sind die weite Strecken der Küste umsäumenden Mangerovebestände. Die Rinde verschiedener Baumarten (Rhizophora Mangle etc.) dieser Mangrovewälder wird nach Europa exportiert, wo sie gewöhnlich einen Wert von £ 4—5 die Tonne hat, doch schwankt der Preis sehr. Die beste Rinde scheinen die Mangrovedickichte der kleinen Buchten und Inseln bei Lamu zu liefern.

An Faserstoff und Flechtmaterial liefernden Gewächsen ist Britisch-Ostafrika ziemlich reich. Kaum ein Landstrich der tropischen Zonen des Landes ist

---

[1]) G. Volkens: Der Kilimandscharo. Berlin 1897.

ohne wertvolle Faserstoffe. Leider ist die Herrichtung der von den Eingeborenen von einer Menge von Pflanzen gewonnenen Bastfasern für den Export bis jetzt noch eine so kostspielige, daß dieselben nur von geringer Bedeutung für den Handel sind.

Von den Eingeborenen wird vor allem die Bastfaser des Baobab (Adansonia digitata L.) verarbeitet. Sie wird besonders zur Anfertigung von Fischernetzen und Hängematten benutzt. Der Baobab oder Affenbrotbaum wächst in größerer Menge bei Takaungu, ist aber auch über die ganze Küste und das Binnenland bis zu einer Höhe von ungefähr 3300 m verbreitet. Früher diente der Bast dieses Baumes auch zur Bereitung von starkem Papier, das einen Handelswert von £ 5—6 pro Tonne hatte. Seit der Einführung des Holzpapieres findet die Baobabfaser jedoch in der Papierfabrikation kaum noch Verwendung.

Die Blätter einer Zwergart der Dumpalme (Hyphaene) werden vielfach an der Küste zur Verfertigung von Beuteln, Mappen und ärztlichen Gebrauchsgegenständen benutzt. Man findet diese Palme an der ganzen Küste des englischen Schutzgebietes.

Zur Herstellung der sogenannten Lamumatten dienen die Blätter der wilden Dattelpalme (Phoenix). Diese Industrie ist in fast allen Küstenstädten heimisch, besonders aber in den Küstenorten der Tana Province.

Eine sehr geschätzte Faser, die in Europa einen Marktwert von ungefähr £ 30 hat, liefern auch die jungen Blätter der Raphiapalme (Raphia).

Für die Gewinnung von Pflanzenfasern sind ferner die verschiedenen Arten der über das ganze tropische Afrika und das Kapland verbreiteten Gattung Sansevieria von Wichtigkeit.

Große Hoffnungen setzt man auf den Anbau von Baumwolle (Gossypium), von der bisher nur sehr geringe Mengen ausgeführt wurden. Besonders in der

Küstenregion, wo sich nach Lintons Berechnung ungefähr 500000 ha für den Baumwollbau eignen, beabsichtigt die britische Regierung diese Kultur einzuführen. Eine Erfolg verheißende Entwickelung des Baumwollbaues ist hier jedoch ohne Zuhilfenahme indischer Siedler kaum möglich, denn daß sich die eingeborenen Neger in hohem Maße dieser Kultur zuwenden werden, ist nicht anzunehmen. Einmal ist nämlich der Feldbau der Neger viel zu primitiv, als daß sie mit anderen Rassen in der Produktion von Baumwolle wetteifern könnten, und zum anderen ist die für den Eigenbedarf berechnete Baumwollkultur noch regelmäßig überall da aus dem Felde geschlagen worden, wo billige Zeugstoffe zur Einfuhr gelangten. Außerdem ist zu bedenken, daß, wenn in Zukunft, wie man mit Sicherheit erwarten darf, die Baumwollpreise wieder sinken, sich der Neger um so weniger dieser Kultur zuwenden wird, je häufiger ihm die Mißerfolge der Europäer vor Augen treten, und je mehr er durch gesteigerte Lebensbedürfnisse und durch vermehrte Steuerpflichten zu einem höheren Lohnanspruche verleitet wird.

In der sehr ungesunden Landschaft Taita hat man an verschiedenen Stellen wildwachsende Baumwolle gefunden, deren Anbau bei Taveta bis dahin recht günstige Resultate gezeitigt hat. Natürlich ist damit noch lange nicht erwiesen, daß sich auch eine Kultur im großen oder eine Kleinkultur der Eingeborenen oder indischer Siedler bezahlt machen wird.

In Kavirondo hat man ebenfalls Versuche mit dem Anbau von Baumwolle gemacht, doch haben dieselben bisher zu keinem befriedigenden Ergebnis geführt. Bei der Gleichgültigkeit, mit der die Wakavirondo fortschrittlichen Neuerungen noch gegenüberstehen, ist an eine günstige Entwickelung dieser Kultur als Eigenunternehmen der Eingeborenen nicht zu denken.

Eher schon könnte sich die Baumwollkultur hier als ein Unternehmen europäischer Großfarmer unter Benutzung landwirtschaftlicher Maschinen zu einiger Bedeutung entwickeln, doch liegen, wie schon angedeutet, noch keine Anhaltspunkte dafür vor, daß die Baumwolle in Kavirondo alle Bedingungen erfüllt finden wird, die zur Erzeugung einer guten und gleichartigen Faser erforderlich sind.

Noch unbedeutender als die Baumwollausfuhr ist der Export von Kaffee. Zwar wird nach Felkin in dem ganzen Uganda-Protektorat und auf den Inseln des Victoria Nyanza der Kaffeestrauch (Coffea arabica) wildwachsend angetroffen, doch ist man mit dem Anbau dieser Nutzpflanze noch nicht über das Versuchsstadium hinausgekommen.

Die bisherige Durchforschung Britisch-Ostafrikas nach abbauwürdigen Bodenschätzen ist nur eine sehr oberflächliche gewesen. Es darf uns daher nicht wundernehmen, daß die Nachrichten über das Vorkommen von nutzbaren Mineralien zur Zeit noch äußerst dürftig sind.

Nach einer Meldung des „Commissioner of Mines" hat man vor einiger Zeit im Tale des Tsavoflusses, der am Nordabhange des Kilimandscharo entspringt und nach seiner Vereinigung mit dem Athi den Sabaki bildet, Kupfer gefunden. Die Hauptfundstelle liegt ungefähr 70 km westlich von der Station Tsavo und besteht aus einem der Ugandabahn parallel laufenden, großen Quarzriff, in dem sich das Kupfer teils rein, teils in Schwefelverbindungen zeigt. Das Riff erstreckt sich vom Fuße der Kiuluberge quer durch das Tsavotal nach Südosten hin. Seine Ausdehnung nach Länge, Breite und Tiefe ist noch nicht bestimmt, jedoch soll auch schon östlich von der Bahn das Vorkommen von Kupfer festgestellt worden sein. Neben dem Kupfer enthält der Quarz geringe Mengen

Gold, sowie kleine Beimischungen eines weißen Metalles, dessen Natur noch nicht feststeht. Eine in Nairobi gemachte Analyse der gefundenen Erze ergab einen Kupfergehalt von 30%. Die Prospektoren, welche dieses Kupferlager entdeckt haben, sind im Bergbau erfahrene Leute aus Südafrika und halten den Abbau desselben für durchaus gewinnbringend.

Die Ziffern der Ein- und Ausfuhr Britisch-Ostafrikas sind zwar gegen das Vorjahr gestiegen, doch bei weitem nicht in dem Tempo früherer Jahre. Bei der Einfuhr beträgt die Steigerung nur £ 45000, während sie in früheren Jahren, etwa £ 80000 pro Jahr, 1904/05 sogar £ 150000 ausmachte. Die Ausfuhrziffern zeigen allerdings eine gleichmäßigere Entwickelung (£ 70000 mehr gegen das Vorjahr, früher durchschnittlich £ 100000 mehr pro Jahr), allein man muß berücksichtigen, daß das Plus hauptsächlich auf den Verkehr von Transitgütern entfällt, die aus Deutsch-Ostafrika und dem Kongostaat durch Britisch-Ostafrika auf den Weltmarkt gebracht werden. Die eigentliche Ausfuhr Britisch-Ostafrikas ist nur um ein Geringes (£ 7000) gestiegen. Der Export des Ostafrika-Protektorates allein ist sogar gegen das Vorjahr etwas zurückgegangen.

Trotzdem darf man mit Zuversicht erwarten, daß sich der Handel des englischen Schutzgebietes in den nächsten Jahren wieder kräftiger entfalten wird, denn es sind, wie wir gesehen haben, in Britisch-Ostafrika auf den verschiedensten kolonialwirtschaftlichen Gebieten Anfänge vorhanden, die, mit Geduld und Sachkenntnis gepflegt und ausgebaut, mit der Zeit unbedingt zu erfreulichen Ergebnissen führen müssen.

Literatur.

Austin, H. H.: With Macdonald in Uganda. London 1903.
Baker, S. W.: The Albert Nyanza. London 1866.
Barros, Joao de: Da Asia. Wortgetreu übertragen von Dr. E. Feust. Nürnberg 1844.
Baumann, O.: Durch Masailand zur Nilquelle. Berlin 1894.
Behrens, T. T.: The Snow Peaks of Ruwenzori. (Geographical Journal, July 1906.)
Beiträge zur Kolonialpolitik und Kolonialwirtschaft. Herausgegeben von der Deutschen Kolonialgesellschaft. Berlin.
Beuke, K.: Über die Regenzeiten in Ostafrika (Diss.) Jena 1890.
Burton, R.: The Lake Regions of Central Africa. 2 Bände. London 1860.
Colville, H.: The Land of the Nile Springs. London 1895.
Dermott, Mac.: British East Africa or Ibea. London 1893.
Deutsche Kolonialzeitung. Organ der Deutschen Kolonialgesellschaft. Berlin und Frankfurt.
Deutsches Kolonialblatt. Amtsblatt für die Schutzgebiete in Afrika und in der Südsee. Herausgegeben in der Kolonialabteilung des Auswärtigen Amtes. Berlin.
Diplomatic and Consular Reports.
Dove, K.: Vom Kap zum Nil. Berlin 1898.
Drude, O.: Handbuch der Pflanzengeographie. Stuttgart 1890.
Eckert, M.: Grundriß der Handelsgeographie. 2 Bde. Leipzig 1905.
Eliot, Ch.: The East African Protectorate. London 1905.
Engler, A.: Über die Hochgebirgsflora des tropischen Afrika. (Abhandlung der Kgl. preuß. Akademie der Wissenschaften.) Berlin 1892.
— Die Pflanzenwelt Ostafrikas und der Nachbargebiete. 2 Bde. Berlin 1895.
Encyklopaedia Britannica.
Fischer, G. A.: Bericht über die im Auftrage der Geographischen Gesellschaft in Hamburg unternommene Reise in das Masailand. (Mitteilungen der Geographischen Gesellschaft in Hamburg 1882—83.) Hamburg 1884—85.
Fitzgerald, W. W. A.: Travels in the Coastlands of British East Africa. London 1898.
Fitzner, R.: Der Kagera-Nil. Berlin 1899.

Geographical Journal, The. Herausgegeben von der Royal Geographical Society. London.
Geographisches Jahrbuch. Herausgegeben von H. Wagner. Gotha.
Geographische Zeitschrift. Herausgegeben v. A. Hettner. Leipzig.
Globus. Illustrierte Zeitschrift für Länder- und Völkerkunde. Herausgegeben von H. Singer. Braunschweig.
Grisebach, A.: Die Vegetation der Erde nach ihrer klimatischen Anordnung. Leipzig 1872.
Gregory, J. W.: The Glacial Geology of Mount Kenya. (Journal of the Geological Society Nr. 200.) London 1894.
— The Great Rift Valley. London 1896.
— The Foundation of British East Africa. London 1901.
Hann, J.: Handbuch der Klimatologie. 3 Bde. Stuttgart 1897.
Höhnel, L. von: Zum Rudolfsee und Stefaniesee. Wien 1892.
Hoffmann, Ferd.: Beiträge zur Kenntnis der Flora von Zentral-Ostafrika. (Diss.) Berlin 1889.
Johnston, H. H.: History of the Colonisation of Africa by alien races. Cambridge 1899.
— The Uganda Protectorate. 2 Bde. 2. Auflage. London 1904.
Kaiser, A.: Rassenbiologische Betrachtungen über das Masaivolk. (Archiv für Rassen- und Gesellschaftsbiologie, 1906.)
— Die wirtschaftliche Entwickelung der Ugandabahn-Länder. (Globus, Bd. 91, Nr. 4, 5, 6, 7.) Braunschweig 1907.
Keltie, J. S.: The Partition of Africa. London 1893 u. ö.
Kersten, O.: Baron K. K. von der Deckens Reisen in Ostafrika. 6 Bde. Leipzig und Heidelberg 1869—79.
Kirchhoff, D.: Die Viehzucht in Afrika. (Zeitschrift für Kolonialpolitik, Kolonialrecht und Kolonialwirtschaft, Jahrgang IX, Heft 6.) Berlin 1907.
Koloniale Zeitschrift. Herausgegeben von R. Meinecke. Berlin.
Krapf, J. L.: Reisen in Ostafrika. Korntal und Stuttgart 1858.
Lugard, F.: The Rise of our East African Empire, early Efforts in Uganda and Nyassaland. 2 Bde. London 1893.
— Story of the Uganda Protectorate. London 1900.
Macdonald, J. R.: Soldiering and Surveying in British East Africa. London 1897.
Mackinder, W.: A Journey to the Summit of Mount Kenya. (Geogr. Journal, May 1900.)
Meteorol. Zeitschrift. Herausgegeben von Jul. Hann. Organ der deutschen u. österreichischen Gesellschaft für Meteorologie.
Merker, H.: Die Masai. Berlin 1904.
Meyer, H.: Die Eisenbahnen im tropischen Afrika. Leipzig 1902.

Oschatz, K.: Anordnung der Vegetation in Afrika. (Diss.) Erlangen 1900.
Paulitschke, Ph.: Beitrag zur Ethnographie der Somal, Galla und Harari. 2. Aufl. Leipzig 1888.
— Ethnographie Nordostafrikas. Berlin 1896.
Peschel, O.: Geschichte des Zeitalters der Entdeckungen.
— Völkerkunde. Berlin 1874. Stuttgart und Augsburg 1858.
Petermanns Mitteilungen. Herausgegeben von Supan. Gotha.
Peters, K.: Die Gründung von Deutsch-Ostafrika. Berlin 1906.
Purvis, J. B.: Handbook to British East Africa and Uganda. London 1900.
Ratzel, F.: Anthropogeographie. 5 Bde. Stuttgart 1882.
— Völkerkunde. 2. Auflage. 2 Bde. Leipzig u. Wien 1894—95.
Reclus, E.: Nouvelle Géographie Universelle. Bd. 10—14. Paris 1885—89.
Ruge, S.: Geschichte des Zeitalters der Entdeckungen. Berlin 1881.
Savoyen, L. A. von, Herzog der Abruzzen: Der Ruwenzori. Erforschung und erste Ersteigung seiner höchsten Gipfel. Herausgegeben von Dr. F. De Filippi. Leipzig 1909.
Schanz, M.: Streifzüge durch Ost- und Südafrika. Berlin 1900.
— Ost- und Südafrika. Berlin 1902.
Scott-Elliot, G. F.: A Naturalist in Mid-Africa. London 1896.
Semler, H.: Die tropische Agrikultur. 4 Bde. Wismar 1887—93.
Sievers, W.: Afrika. 2. Auflage von F. Hahn. Leipzig und Wien 1901.
Smith, A. Donaldson: Through Unknown African Countries. London und New-York 1897.
— Roadmaking and Surveying in British East Africa. (Geogr. Journal, September 1899.)
Stanley, H. M.: Through the Dark Continent. 2 Bde. London 1878.
— In darkest Africa. London 1890.
Statesman's Yearbook 1906, The. London.
Speke, J. H.: Journal of the Discovery of the Source of Nile. 2 Bde. London 1863.
Stuhlmann, F.: Mit Emin Pascha ins Herz von Afrika. Berlin 1894.
Strandes, J.: Die Portugiesenzeit von Deutsch- und Englisch-Ostafrika. Berlin 1899.
Suess, E.: Das Antlitz der Erde. 3 Bde. Wien 1883—1901.
— Beiträge zur geologischen Kenntnis des östlichen Afrika. Wien 1891.
Supan, A.: Die Bevölkerung der Erde. (Erg.-Heft zu Peterm. Mitteilungen.) Gotha 1904.

Supan, A.: Die territoriale Entwickelung der europäischen Kolonien. Gotha 1906.
Schweinfurth', G.: Im Herzen von Afrika. 2 Bde. Leipzig 1874.
— und F. Ratzel: Emin Pascha. Eine Sammlung von Reisebriefen und Berichten. Leipzig 1888.
Thomson, J.: Through Masailand. London 1886.
Tropenpflanzer, Der. Zeitschrift für tropische Landwirtschaft. Organ des Kolonialwirtschaftlichen Komitees. Herausgegeben von O. Warburg u. F. Wohltmann.
Williams, G. B.: The Rainfall of the British East Africa Protectorate. (Geogr. Journal, June 1907)
Wason, J. C.: East Africa and Uganda. London 1905.

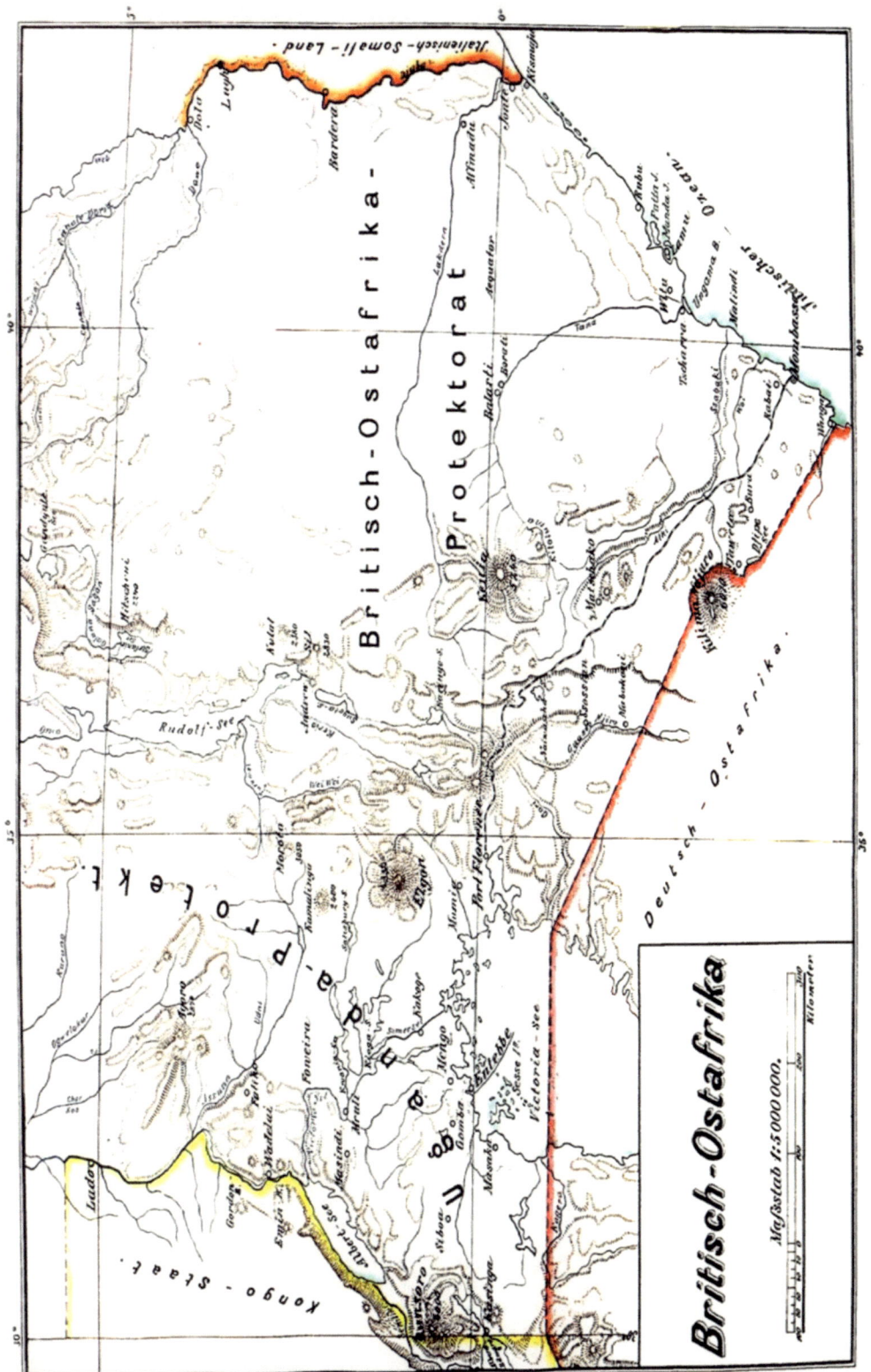